車いすの一級建築士が教える

お金も時間もムダにしない シニアのためのリフォーム

一級建築士 阿部一雄 Kazuo Abe

KODANSHA

はじめに

本書は、老朽化やライフスタイルの変化により「住まいのリフォーム」を検討されているシニアのみなさんへ向けた「家づくりのガイドブック」です。

これを読まれている方の中には、資金や年齢などを理由に「リフォームしたいけれど、なかなか踏み切れない」と悩んでいる方も少なくないでしょう。その一方で「いずれはするつもりだけど、どこから手を付けていいか分からない」という声も聞こえてきそうです。

日本の平均寿命は戦後著しい伸長を遂げ、2023年には男性81・09年、女性87・14年と世界有数の長寿国となりました。さらに2070年には男性85・89年、女性91・94年に達すると推計されています。これらの数字から分かる通り、現代のシニアには想像以上にまだまだ残り時間が与えられていそうです。予想外に長く続きそうなセカンドステージを、このまま現在の住まいで暮らせそうでしょうか。

　また、ケガをしたり身体を患ったりしてからのリフォームは大変な労力を伴うため、できるだけ元気なうちに先のことを考えた家づくりを始める必要があります。すでに「『老後の3K（健康、経済、孤独）』の不安や悩みが尽きない」という方も少なくないでしょう。それでも遅くはありません。住まいも人と同じで、健康な状態で使える「健康寿命」があります。適切なリフォームによって住まいの健康寿命が延びれば、断熱性や気密性といった家そのものの性能も上がり、住まう人の身体にかならず良い影響を与えます。そのためリフォームをすることで、あなたが今抱えているその不安や悩みを解消できるかもしれません。

シニアが検討したいリフォームのひとつに、「バリアフリーリフォーム」（31ページ参照）があります。普段、私は車いすの一級建築士として、一般住宅に加えてバリアフリー住宅・施設の建築も手掛けていますが、人によってその「バリア」はさまざまです。例えば、足腰が不安な方の歩行をサポートしてくれる手すりが、車いすユーザーにとっては通行の邪魔になることもあります。そのため、手すりひとつ取り付けるにしても、その材質、位置、形状などを細かく調整する必要があります。これはとても基本的なことなのですが、実績が少ない業者などは知識がなく、最適な提案ができない場合も少なくありません。

このように業者に言われるがまま工事を依頼し、あとから「もっと住みやすくなるはずだったのに……」と後悔しないために、シニアが知っておきたい基礎知識はもちろんのこと、シニアや障がい者の方向けのリフォームに長く携わってきた私ならではの視点で、みなさまに役立つ情報を盛り込みました。リフォームするにあたって利用できる補助金や、各種リフォームにかかる費用の目安についても紹介していますので、ぜひ活用してください。

私は、シニアにとってリフォームは「安心・安全・快適で、健康寿命が延びる住まいづくり」であるだけでなく、「将来への不安や不便が解消された」「自分でできることが増えて外に出たいと思えるようになった」といった前向きな影響をもたらすものであってほしいと考えています。

これからの人生を思いきり楽しむために、そして末永く安心して暮らすために、大切な住まいを一緒に見直してみませんか。

目次

はじめに……2

序章

素朴な疑問、すべて答えます
シニアのためのリフォームQ&A

□リフォームの前にすべきことはありますか？……14
□リフォームはどこに依頼すればいいですか？……16
□マンションと一戸建てのリフォームの違いは？……18
□リフォームと住み替え、どちらを選ぶべき？……20
□資金面が不安で踏み出せない場合は？……22
□うまく希望を伝えるコツはありますか？……24

第1章

備えておけば安心・快適！ シニアリフォームを考えよう

□「日本の住宅は長持ちしない」はウソ……28
□「介護する日」「介護される日」に備える……29
□シニアの事故は家庭内が最も多い！……31
1─転倒・転落……32
2─誤嚥などによる窒息……35
3─不慮の溺死・溺水……36
□「段階的バリアフリー」という考え方……37
□リフォームで災害に備える……40
□地震が起きたら「避難所」、本当に行ける？……44

□ 資金が足りない場合はどうする？……46
□ リフォーム業者の賢い選び方……48
□ アフターフォローはかならず確認！……53
□ 悪徳リフォーム業者にご注意を！……54
□「おひとりさまシニア」に必要なリフォームとは？……58
□ 家づくりで「火災」と「犯罪」からいのちを守る……63

第2章 快適なシニアライフを見据えたリフォーム最新実例

□ 生活動線や段差を考慮してより暮らしやすく……68
□ 家事をラクに、効率良く使いやすい収納も充実……69
STORY 1 1階だけで夫婦2人が暮らせる家……70

STORY 2 水回りを一新して健やかに住まう……74
STORY 3 安心して、のびのび暮らせるひとり住まい……78

第3章 シニアライフを楽しむ工夫! 部分別リフォームのポイント

家全体……84
1 暮らしやすい動線を考える……84
2 照明器具や設置場所を見直す……86
3 手すりを設置する……89
4 ヒートショックを防ぐ工夫をする……94
5 建具を交換する……97
6 家具の地震対策を行う……101

玄関 103

1｜駐車スペースから玄関まで屋根をつける 103
2｜玄関ポーチまでの動線や上がり框の段差を解消 106
3｜玄関の鍵を電子錠にする 109
4｜土間の素材を見直す 110
5｜靴などの収納場所や玄関ベンチなどの設置 112
6｜福祉用具の収納場所やスペースの確保 113
7｜インターホンの親機の設置場所を見直す 114

キッチン 116

1｜レイアウトや水回りの設備を見直す 116
2｜コンロや換気扇を入れ替える 119
3｜収納や家電の位置を考える 122
4｜ダイニングテーブルをあえて置かない 124

脱衣室・浴室 127

1｜段差はあえて残す 127
2｜脱衣室の床を長尺塩ビシートにする 128

3 脱衣室にいすを設置する 130
4 リネンや下着の収納スペースを確保する 130
5 浴槽を取り換える 131
6 浴槽に福祉用具を設置する 132

トイレ 134
1 便器と建具の位置関係を見直す 134
2 トイレ内に洗面台などを設置する 136
3 寝室とトイレを近づける 138
4 清掃しやすい床材・壁材を選ぶ 141

寝室 143
1 介護に必要なスペースを確保する 143
2 介護ヘルパー専用の動線を設ける 144

廊下 145
1 窓をつけるなどして明るくする 145
2 腰壁を配置する 146
3 廊下幅は極端に広げない 146

階段 148
1　適切な滑り止めを施す 148
2　勾配と寸法を見直す 150
3　ホームエレベーターを設置する 151
リフォーム後にまさかの事態！よくある「失敗例」と「防止・改善策」 153
おわりに 156

＊本文で紹介している価格は２０２５年1月現在でのおおよその最低価格となります（著者・編集部調べ）。既在宅の仕様や、採用する材料、設備機器、メーカー、リフォーム業者などによっても価格は変動しますので、あくまで参考価格として参照ください。

＊設置費用は基本的に材料と工賃の合算費用です。工賃がかからない場合は（工賃含まず）と表示しています。

＊本書では身体に不自由さを持つ方々を「障がい者」と表記し、医学用語として使用される場合は「障害者」とします。

序章

シニアのためのリフォームQ&A

素朴な疑問、すべて答えます

Q リフォームの前にすべきことはありますか？

A 家族全員で今後を話し合い、まずは「断捨離」を始めましょう。

私が依頼を受けた際にまずお願いするのが、**ご家族全員で「これから先は、どのような人生を送りたいのか？」を話し合っていただく**ことです。人生100年時代の長いシニアライフを豊かに安心して過ごすためには、「今後、子どもや親と同居する可能性はあるか」「『終《つい》の棲家《すみか》』をどこにするか」「住む人それぞれの理想の生活スタイルはどんなものか」などについて、健康なうちにみなさんで向き合うことが必要不可欠です。そして、その結果によって、どこをどのようにリフォームするかも大きく変わってきます。

またリフォームをする際には、工事箇所に置いてある家財道具などを可能な限り移動させる必要がありますが、**計画を立てる前にあらかじめ不要な家具や生活用品を整理・処分する**ことで、「必要だと思っていた物置が不要になり、リフォーム箇所が減った」「仮住まいに移動する際の引っ越し代・運搬費用の軽減につながった」などの理由で、施工費用が節約できたというケースも多くあります。荷物が少ない方も改めて断捨離することで、「自分が生活の中で何を重要視しているのか」「どのような部屋の使い方をしているか」などを振り返るきっかけになり、今後のリフォームの方向性が定まるでしょう。

Q リフォームはどこに依頼すればいいですか？

A 1社ではなく、複数の業者の話を聞きましょう。

リフォームの依頼先には、工務店、ハウスメーカー、住宅設備メーカー、リフォーム専門業者などがありますが、得意とする分野はさまざまです。そのため、**できれば最初から1社に絞って話を進めることがないように**してください。

まずはリフォーム経験のあるご近所さんや知人（特に建築関係につてがある方）に紹介しても

らったり、インターネットで検索したりして、依頼先の候補を数社選定しましょう。その後、業者の担当者に直接会って相談したり、モデルハウスやショールームを見学したりして実際に見積もりを取るなど、どの業者がいいのか、十分に検討した上で見積もりをとってみましょう。

その後、

①　希望するリフォームを手掛けた**実績**があるか

②　こちらの希望をしっかりと聞いて、**期待以上の提案**と**予算**に納めてくれるのか

③　**保証**や**アフターサービス**にも力を入れているか

といったチェックポイント（50ページ参照）を押さえているか、確認した上で業者を決定してください。

Q

マンションと一戸建てのリフォームの違いは？

A

間取り変更の自由度は、一戸建てのほうが高めです。

マンションの場合、リフォームできるのは専有部分のみです。その専有部分であっても、フローリングなど床材は管理規約でリフォーム内容が制限されていたり、条件が設けられていたりする場合も少なくありません。また、床下の構造によっては水回りの設備を大きく動かすような間取り変更が困難であるケースもあります。そのほか、管理組合に工事許可申請をもらうのに数週間かかることもあり、それに伴って工期が長引く可能性があります。

その点、一戸建ては法律や条例で定められた建ぺい率や容積率を超えて増築などを行うことはできませんが、マンションと違って共有部分がないので、間取り、水回り・窓・バルコニーなどの位置と、かなり自由にリフォームすることができます。ただし、戸建てでも構造によっては間取りの変更に制限が出る場合があります。

Q

リフォームと住み替え、どちらを選ぶべき？

A

現在の不満をしっかり整理して選択を。

リフォームと住み替えにはそれぞれメリットとデメリットが存在しますので、まずは**「今の住まいに感じている不満は何か？」を考えてみるところから始めましょう。**

その不満点が水回りなどの老朽化といった部分的なものであれば、リフォームすることで解消でき、場合によっては減税や補助金を受けられるケースもあります。

一方で、「車を運転できなくなった時のことを考えて、もっと駅近に住みたい」「同居を始めて手狭になったので部屋数を増やしたい」「現在の地域や近隣に満足していない」「断熱・耐震工事をしなければいけないが、リフォーム費用が高額になる、もしくは工事を行っても思ったほど住み心地が改善しない」「建て替え、リフォームとも自己資金がなく、ローンを組むことができない」「現在の住まいの売却益によって、老後の資金などの余剰金を増やしたい」といった場合は、住み替えでなければ不満を解消できない、もしくは住み替えのほうがコストパフォーマンス（費用に対して得られる効果）が高い場合もあるでしょう。

Q

資金面が不安で踏み出せない場合は？

A

一部のみ改修する「部分リフォーム」から始めてみては。

コスト面に不安のある方には、「リビングのみキレイにする」「傷んだ浴室だけユニットバスにする」というように、限られたスペースのみを改修する「**部分リフォーム**」をおすすめします。その場合は、家族がよく使うところや緊急性が高いところから進めましょう。例えば、大掛かりな工事をしなくても地震などの自然災害から身を守るための場所や空間を作ることができ、寝室やリビングなど部屋単位で耐震性を高めることができる「耐震シェルター」（43ページ参照）を設置する方法もあります。

また部分リフォームには、**フルリフォームに比べて工期が短い、住みながらリフォームができるので仮住まい先の家賃や引っ越し費用がかからない**といったメリットもあります。

しかし、建物全体の耐火性や耐震性を高めたい、間取りを大きく変更したい、構造躯体《くたい》の劣化が激しくて追加工事が必要といったケースでは、最初からフルリフォームでなければ対応できないこともありますので、事前にいくらくらいかかるのかしっかりと見積もりをして、資金計画をした上で進めてください。

資金計画に関してはファイナンシャルプランナーに依頼して作成してもらうこともめずらしくありません。業者の中には経済的な側面からアドバイスをしてくれるファイナンシャルプランナーと提携しているところもありますので相談してみてください。

Q

うまく希望を伝えるコツはありますか？

A

家族の生活スタイルや要望は惜しみなく伝えること！

プロの業者ならば、たくみに要望をくみ取ってくれるはずですが、それでも**こちら側の条件やリクエストをあらかじめ整理し、積極的に伝える姿勢が大切**です。

初回の打ち合わせでは、「予算が足りなくなるかもしれないから、これはやめておこう」とあきらめることなく、現在の住まいの不満や今後の人生設計について思いきってお話してみましょう。家族の趣味や生活習慣、健康状態といった、**一見リフォームに関係ないと思われるような情報も、業者にとってはプランニングや設計をする上での大切なヒント**になります。

現在ではインターネットやＳＮＳで、さまざまなリフォーム事例を見ることができます。気に入った事例やデザインがあれば、写真などを持っていくとより具体的な提案をしてもらうための参考になります。予算についても、初動段階からできるだけ正確に伝えられるのが理想的。可能ならば、どのくらい借り入れができるかなど事前に仮審査を行い、資金計画をきちんと立てておくと良いでしょう。

第1章

備えておけば安心・快適！
シニアリフォームを考えよう

「日本の住宅は長持ちしない」はウソ

２０２３年に国土交通省が発行した「長持ち住宅の手引き」によると、日本の住宅の平均利用期間は約30年で、イギリスの約77年、アメリカの約55年に比べると、かなり短くなっています。この背景には、地形、地質、気象などの国土・自然条件、地震の発生頻度などの地理的な条件、国民性の違い、歴史的背景などがありますが、日本の住宅は諸外国と比較して短い期間で取り壊されているのが現状です。

しかしながら、この数字は「何らかの理由で取り壊された住宅の平均寿命」を指しているに過ぎず、その中には「構造はまだまだ使えるのに、躯体に隠れた水回りの配管が取り換えられない」といった一部の設備の老朽化などが問題となって、取り壊されてしまった住宅も多く含まれます。**よって、本来の住宅の耐用年数とは異なる**のです。

早稲田大学の小松幸夫教授らが２０１３年に行った「建物の平均寿命実態調査」によれば、人間の平均寿命を推計するのと同様の手法を建物で採用した場合、木造の平均寿命は65年、マンション（ＲＣ／鉄筋コンクリート造）は68年とされています。適切な点検や修繕を行う慣習がなかったこれまでの状況で推計したのが前述の年数ですので、「建物の寿命を延ばしたい」という所有者の意識や建築技術が進歩した今後は、定期的なメンテナンスを施してもっと長く住み続ける方が増えるでしょう。

国土交通省も、数世代にわたって住み継げるだけの性能を持った「長期優良住宅」に向けた取り組みを始めています。これは、『つくっては壊す』というスクラップ＆ビルドの時代はもう終わりにして、品質が良く、快適で長持ちする住まいをつくろう」という考え方で、一定の要件を満たした住宅を購入すると、一般の住宅に比べてさまざまな税制優遇措置などが受けられるようになっています。

「介護する日」「介護される日」に備える

住宅の平均寿命を延ばすためには、適切なメンテナンスが必要不可欠だと言えます。**特に気を付けておきたいのが、傷みやすい水回り**です。水漏れなどが起こると木材に影響を及ぼす危険があるため、外からは問題がないように見えても定期的に異常がないかチェックすることが必要です。

また20～30代でマイホームを購入すると、50～60代で大規模リフォームの時期が訪れます。その中には、子どもたちが巣立った、もしくは親との同居・介護に直面したことで、家族構成やライフスタイルが変わったという方も多いでしょう。それに伴って、暮らし慣れた愛着のある住まいでも快適に暮らせなくなるケースが少なくありません。その場合は、設備のメンテナンスに加えて、**バリアフリー工事や間取りの変更を行うことで安心・安全・快適な暮らしが送れる**ようになります。

また、現在は健康であったとしても、50代以上の世代は自分自身の将来を考えたリフォーム計画を立てましょう。大きな病気や障害がなかったとしても、身体の衰えは日々進行しますし、健康面に不安を覚えるようになってからリフォームを計画・実行するのは大変です。**経済面でも健康面でも余裕のあるプレシニアのうちに、将来を見据えたバリアフリーリフォームなどに取りかかる**ことで、将来の不安の解消にもつながります。

家族構成やライフスタイルが変わった時のリフォーム例

・二世帯リフォーム

玄関・水回り・LDKなどすべての生活空間を共有するタイプ、一部のみ共有するタイプ、親世帯・子世帯を上下階や左右に振り分けて完全に分離するタイプなど、形はさまざま。

・バリアフリーリフォーム

シニアや障がい者、ケガ・病気を持つ人が安全に安心して生活するために、「バリア（障壁）」を「フリー（のぞく）」にする。浴室やトイレの改良、手すりの設置、段差の解消、引き戸への交換、滑り止めの設置、住宅全体の気密性と断熱性を高めるなどが代表的。

・減築リフォーム

家族が減って老夫婦2人には住まいが広すぎるといった場合は、2階建てを平屋にしたり、使用しなくなった部屋を減らして庭や吹き抜けにしたり、住居部分を少なくして余った土地に駐車場やアパートなどの収益物件を建てる「減築」という選択も。

シニアの事故は家庭内が最も多い！

厚生労働省が毎年実施している「人口動態調査」によると、65歳以上の死亡原因は悪性新生物（がん）が30％と最も多く、ついで心疾患、老衰、脳血管疾患、肺炎、不慮の事故となっています。どれもが誰にでも起こり得るものですが、特に不慮の事故は今すぐにでも起こる可能性があると言えるでしょう。代表的なものとしては交通事故がありますが、シニアの場合は自宅の中にも危険が潜んでいるのをご存じでしょうか。

内閣府が公表する「平成30年版　高齢社会白書」によると、65歳以上の事故のうち77・1％が住宅内で起きていることが分かります。一方で、一般道路や民間施設で起きる事故はそれぞれ10％以下。つまり、**シニアの事故のほとんどが自宅で起こっている**のです。

命に関わりやすいシニアの住宅内での事故には、大きく分けて①転倒・転落、②誤嚥《ごえん》などによる窒息、③不慮の溺死・溺水の3つがあります。

1 転倒・転落

東京消防庁が発表した「救急搬送データからみる高齢者の事故」では、管内で救急搬送される**シニアの事故数で最も多いのが「転倒」**で、その割合は82・8％。「**転落**」もその次に多く、10％となっています。

次に事故が発生した場所を見てみると、**転倒事故が最も多く起こるのはリビング、寝室**であることが分かりました。特にリビングは一日で最も長い時間を過ごす場所であるだけに、電源コード、カーペット、こたつ布団、雑誌・新聞などの、つまずいたり滑ったりし

●自宅で起こりやすいシニアの事故

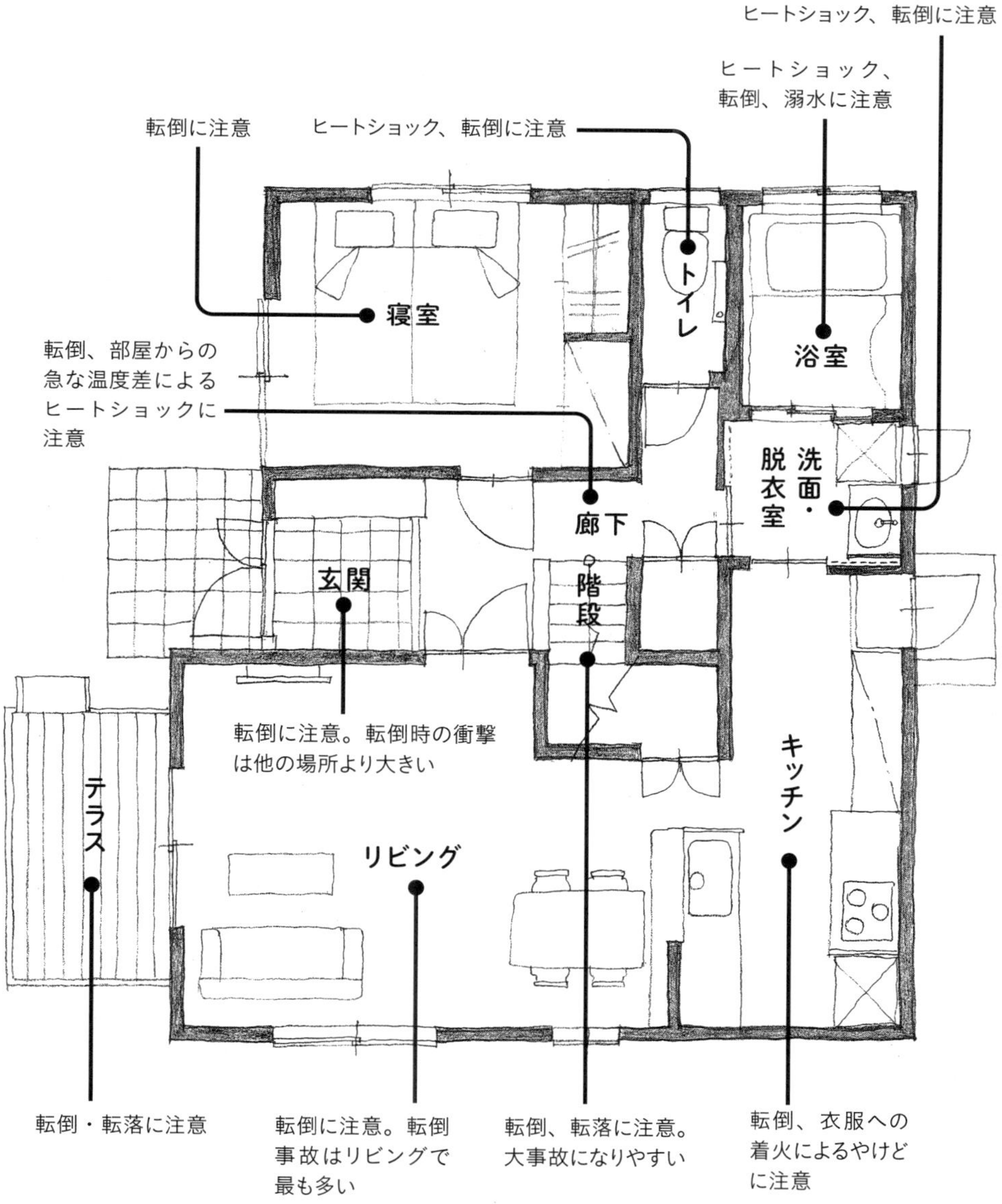

やすいものが床に置かれている家庭が多いです。

人間は加齢に伴い、足腰の筋肉や視力などの身体機能が徐々に衰えてきます。また感覚の鈍化による注意力の低下も顕著です。瞬発力や柔軟性なども衰えるため、本人が思っている動作と実際の動作に差が生まれ、めくれ上がったカーペットの端などでつまずく、起床時や夜中にトイレに行こうとしてベッドから落ちる、部屋と廊下の段差で転ぶといったことが起こりやすくなります。特に2階に寝室がある場合、将来を見越して1階に移しておくことができないかも検討してみてください。

また、**玄関・勝手口、階段、脱衣室、浴室、トイレ、洗面所なども転倒・転落事故が多い場所**です。高齢者は筋力だけでなく、反射的にバランスを取る平衡感覚も低下しているため、玄関の段差でつまずく、階段を踏み外して転落する、浴室で滑って転倒するといった危険性も高くなります。

若い時なら擦り傷で済む程度の転倒でも、シニアの場合は骨折や頭部外傷といった大きなケガにつながることも少なくありません。そうなると回復までに時間がかかるため、その間に体力や筋力が衰えて介護が必要な状態になることもあります。

ケガをせずに済んだとしても、転倒・転落したことで自信をなくしたり、歩くことへの恐怖心が生まれたりして、身体を動かす機会が減ることもあるでしょう。そのため、**バリアフリーリフォームなどによって、あらかじめ転倒リスクを軽減し、安全で快適に過ごせる生活環境を整えることが大切**なのです。

２ 誤嚥などによる窒息

人間は、加齢とともに食べ物を咀嚼《そしゃく》する機能が低下します。また飲み込む力も弱くなるため、水や食べ物を飲み込む時に誤って肺のほうへ入ってしまう**誤嚥**を起こしやすくなります。

誤嚥は食べ物が口の中にある限り常に起こり得ますので、調理を工夫して飲み込みやすくする、食事中の姿勢を良くするといった対策に加えて、**同居する家族や介護ヘルパーが声かけ・見守りを行うことも防止に大変効果があります。**

とはいえ、家族が働きながら介護をしているといったケースでは、「家事をしながら見守ることができたら、負担がかなり減るのに……」とおっしゃる方も少なくありません。そういった場合は、両サイドから出入りできる「アイランドキッチン」（116ページ参照）にして、その横にダイニングテーブルを置けば、食事中の要介護者を見守りながら快適に料理ができます。

また、要介護者が寝室で過ごすことが多いならば、ＬＤＫと要介護者の寝室が隣接した間取りにすれば、家族が家事をしながらでも相手の様子を常に程良い距離で感じられるでしょう。その際は壁ではなく引き戸などの建具で部屋を仕切るつくりにすれば、フレキシブルに空間が使えます。例えば、それぞれひとりになりたい時や介護ヘルパーが来た時には引き戸を閉めることで、個人のプライバシーが守られます。

3 不慮の溺死・溺水

高齢者の不慮の溺死や溺水事故が発生する場所としては、家や居住施設の浴槽における事故が最も多く、11月～4月の冬季を中心に多く発生しています。これらの主な原因としては、浴室や脱衣室における寒暖差が血圧の乱高下を招き、それによって脳卒中や心筋梗塞を発症して死に至る「**ヒートショック**」や、肩や首までの全身を熱いお湯の中に浸かる全身浴中に「**浴室内熱中症**」になることなどが挙げられます。シニアは温度に対する感覚が弱くなって「暑い」と感じにくくなったり、体内の水分量が減少していたりするため、冬場でも熱中症の危険があることを覚えておいてください。

シニアの入浴中の事故を防ぐためには、天井、壁、床に断熱材を敷き詰めて外からの冷気の浸入を防ぐ断熱リフォーム、内窓（二重窓）の設置、浴室用暖房機や脱衣室用小型暖房機の設置などを行って、脱衣室や浴室を入浴前から暖かく保つことが効果的です。

さらに根本的には、**住宅全体の気密性と断熱性を高めることも大切**です。昔ながらの低気密・低断熱の日本家屋では、手足をはじめ身体が冷える場面が多いため、「熱いお風呂に入って身体を温めよう」という欲求が高まります。しかし、冷え切った身体をすみずみまで十分に温めるには時間がかかるため、熱いお湯に長く浸かってしまうのです。

その結果、浴室内熱中症になり、最悪は死に至るケースも多くなります。リビングと脱衣室の温度差がなく、家全体が暖かい住まいは、危険な「熱め・長め入浴」を減らすことにも一役買ってくれます。

「段階的バリアフリー」という考え方

ここで、バリアフリーについてもう少し詳しく解説しましょう。私は一級建築士としてだけでなく、「**バリアフリーコーディネーター**」としても活動を行っています。バリアフリーコーディネーターとは、バリアフリー住宅・施設の新築やリフォームを希望するシニアや障がい者の相談に応じ、安心・安全・快適な住まいを提案するアドバイザーです。時には医師、理学療法士（PT）、作業療法士（OT）、ケアマネージャー、介護ヘルパー、介護機器提供者といった医療・介護関係者からの情報を取り入れながら、新築・リフォームのための調整やアドバイスを行うのが役割です。

以前、糖尿病で片足を切断した50代男性の住まいをリフォームした際に、「自宅の離れをバリアフリー化してキッチンをつくり、そこで自活できるようにしませんか？」と提案したことがあります。しかしその方は、「そんな大規模な改修は必要ない。段差昇降機がひとつあればいいです」と聞く耳を持ってくれませんでした。

確かに当時は、80代でもまだまだ元気なお母様が母屋で3食用意してくれており、不都合はなかったのだと思います。しかし、その方もお母様も着実に歳を取ります。またその方の主治医によると、「数年後にはもう片足も切断し、完全な車いす生活になる可能性も高いです」とのことでした。そうなった場合、これまで通り日常生活を送るのはかなり難しくなるはずです。

人間誰しも、病気やケガで身体が不自由になる可能性があります。歳を重ねたらなおさら、明日のことは分かりません。だからこそ、健康なうちから備えておくことが大切なのです。

シニアのリフォームを行う場合、私は**そこに住む方々の身体能力が10年先、20年先にどうなっているかを考えた上で、「どの場所に」「どのような設備を」「どう取り入れるか」**をご提案するようにしています。例えば、手すりなどは年齢とともに使いやすい高さが変わることもあるため、手すりを設置するための下地を壁面にあえて大きく入れ、付け替えに備えておく場合もあります。これが、住まいを身体の状態に合わせて変えていく「**段階的バリアフリー**」仕様です。

また日々の体調にゆらぎがある方の場合は、段差のある玄関にスロープではなく段差昇降機を設置し、場合によっては車いす専用玄関も設けることをおすすめしています。たった数メートルのスロープであっても、体調が優れない時や天気が悪い時には大きなバリアとなり、それが原因でだんだん外出が億劫《おっくう》になってしまう可能性があるからです。

それと同時に、できる限りご自身が持つ力を生かして暮らせるような設計も必要です。これは、「すべてをバリアフリー化することで、かえって今ある身体能力や行動能力が衰えるようなことがあってはならない」という考えからです。

したがって**十分に体力がある方や、足腰がしっかりした方ならば、あえて段差を従来のまま残す**こともあります。こうすることで日常生活のために必要な筋力が自然と保たれ、健康維持につながります。このように、シニアのリフォームにおいては将来の身体の変化までを考えつつも、的確な提案をできる業者を選ぶことが大切だと言えるでしょう。

リフォームで災害に備える

世界有数の地震大国である日本は、これまで多くの地震や津波、豪雨による災害を経験してきました。記憶に新しいところでは、2024年1月1日に石川県能登地方でマグニチュード7・6、最大震度7の地震が発生しています。この地震では、古い木造家屋が多かったことから建物の全壊が6445棟、半壊が2万3225棟を数え、石川県内で被害が確認された住宅の数は10万2400棟余りとなりました（2024年12月現在）。また、災害関連死を除いて死因などが公表されている方のうち約60％は家屋の倒壊による圧死や窒息で、住宅の耐震化の必要性が指摘されています。

国は2030年までに耐震性が不十分な住宅を解消することを目指していますが、今回大地震が起きた能登地方での耐震化率（震度6強から7でも倒壊しない）は、輪島市で46・1％（2022年度）、珠洲市で51％（2018年度）と、全国平均87％（2018年度）を大きく下回っていました。

日本木造住宅耐震補強事業者協同組合が2021年3月に発表した「耐震診断基本データ」によると、日本全国で耐震診断を実施した2万7929棟の木造住宅のうち、「倒壊する可能性が高い」住宅が74・6％、「倒壊する可能性がある」住宅が16・9％となり、合わせて91・5％が2000年6月に改正された新・新耐震基準（2000年基準）を満たしていないことが分かっています。

建築基準法の耐震基準は、「旧耐震基準」「新耐震基準」「2000年基準」の3種類があり、旧耐震基準は1981年5月31日以前に建築確認したもの、新耐震基準は1981年6月1日から2000年5月31日に建築確認したもの、2000年基準は2000年6月1日以降に建築確認したものです。一般財団法人日本建築防災協会によると、旧耐震基準の97・4％、新耐震基準の85・9％の木造住宅が「巨大地震で倒壊の恐れがある」とされています。

能登半島地震で建物被害が多かった原因のひとつに、「キラーパルス」と呼ばれる周期の地震波の影響があったのではないかという見方もあります。キラーパルスとは、地震の揺れの周期の中でも1〜2秒の「やや短周期」の地震のことです。**木造住宅や1〜2階建ての低層住宅はキラーパルスの被害を受けやすい**とされており、過去に起きた阪神淡路大震災や熊本地震でもこの影響を受けて多くの建物が倒壊しました。

シニアの住まいにおいては、「もう何年生きられるか分からない」「自分の死後に住み続ける家族もいない」などの理由で、耐震リフォームを後回しにしがちです。もちろん、施工するとなると当然費用がかかりますが、**命や財産を守るためにも住まいの耐震化は非常に大切**です。地震発生時には、自宅の一部が倒壊・崩落し、それとの衝突によって隣人がケガをした、もしくは隣家の一部が破損してしまったというケースも少なくありません。そんな事態を避けるためにも、今すぐ検討する必要があります。

全国の自治体では、**耐震補強を行った木造住宅に対して補助金制度を設けていることが多い**ため、まずはお住まいの自治体に補助金の有無や条件を確認しましょう。補助を受ける条件についてはほぼ全国で共通しており、「1981年5月31日以前に建築された（建築確認を得て着工された）木造の個人住宅で、自ら居住しているものであること」が前提となります。その上で、事前に自治体による耐震診断を受け、「倒壊の可能性がある」、または

「倒壊の可能性が高い」と判定されれば、補助の対象となります。

家全体を補強するには予算が足りないならば、**ある一部屋だけをシェルターとして補強する**という方法もあります。残念ながら、一部屋を耐震補強しただけでは家全体の耐震性能が上がるわけではありません。どれほど耐震補強を施しても、既存の木造住宅の強度には限界があるからです。しかし、その一部屋をシェルターとしてしっかり耐震補強しておけば、地震で家が倒壊しても、その部屋にいる限りは下敷きになってしまうことはありません。また、地震の揺れが収まってから屋外へ逃げることもできます。

防災ベッドの一例（防災フレーム）　写真提供：株式会社ニッケン鋼業

このほか、洪水や浸水に強い防水壁材や床材を使用する、防災ガラスや割れても破片が散乱しにくいガラスに交換する、なるべく背の低い家具や造付家具にするといった対策も非常に有効です。こうした防災への対策や購入には、自治体によっては補助金の制度を導入しているところもありますので、ぜひ確認して活用するようにしてください。

参考 **災害対策費用**

- 壁の耐震補強：30万円／箇所～　※築年数や条件による
- 耐震シェルターを設置：1セットで150万円～
- 防災ベッドを設置：40万円～（工賃含まず）

地震が起きたら「避難所」、本当に行ける？

これらに加えて、シニアの場合は「**在宅避難**」にも備えておかなければいけません。これは災害時において自宅に倒壊や焼損、浸水、流出の危険性がない場合に、そのまま自宅で生活を送る方法です。災害時の避難所に使用される小中学校の体育館には、冷暖房がない例が多く、シニアには過酷な環境となります。またトイレ環境もシニアに適したものでないことがほとんどで、能登半島地震においても多くのシニアが自宅で生活を続けました。これは私のような車いすユーザーにとっても深刻な問題です。

「避難所に行きたくても行けない」時に備えて、**食料、飲料水、非常用トイレ、燃料は、最低でも1週間分は確保**しておきましょう。あわせてリフォーム時には、**これらを保管しておくスペースを考える**必要があります。

また、災害時には非常用電源があると安心です。ソーラーパネルとポータブル電源をセットで準備しておけば携帯電話や照明、家電などを使えますし、最近ではバッテリーをポータブル電源としても使える電動アシスト自転車も登場しています。

さらに太陽光発電と蓄電池を導入すれば、災害時に停電しても普段通り電気を使うことができます。私が設計したあるお宅は、蓄電池から直接給電できる家庭用コンセントを1階の一部に設けてあるため、自家発電した電気を有事の際だけでなく日常的に活用しています。あわせて断熱リフォームを行えば、停電になっても部屋の温度を保て、夏の暑さや冬の寒さから身を守れます。

これらの対策に加えて、自治体が自然災害による被害を予測し、その被害範囲を地図化した「ハザードマップ」を定期的にチェックする習慣をつけましょう。例えば住まいが土砂災害警戒エリア内にあるのならば、崖などに面した部屋を寝室にはしない、家の中に逃げ場としての安全な空間をつくる、家の内外に避難経路をしっかり確保しておくといった対策を取るだけでも、被害を最小限に抑えることができます。

資金が足りない場合はどうする？

シニアがリフォームをするにあたって自己資金が不足している場合、**収入が年金のみでも利用できる「リフォームローン」**を利用する方が多いです。しかし一般的なリフォームローンでは、申込時の年齢は60歳から70歳まで、完済時の年齢は80歳未満という条件もあるため、高齢でリフォームローンを組もうとすると難しい場合があります。そのため、ローンを利用してリフォームを考えている方は、余裕を持ったスケジュールで動き出す必要があります。

また、近年は**リースバック**を活用してリフォームを行うシニアも増えています。これは自宅を不動産業者に売却し、そのあとは賃貸契約を結んでそのまま住み続けられるというサービスです。リースバックでは買い主が主に不動産会社となることから、短期間で資金の調達が可能です。

リースバックした住宅であっても、借り手は小規模なリフォームを行うことができます。この場合、不動産業者の許可は必要ないことがほとんどです。大規模な工事を行う場合は許可を得る必要がありますが、水回り、間取り変更、バリアフリー、耐震といったリフォームならば一般的に不動産業者は認めてくれるでしょう。なぜなら、リースバックでは退去後に家を解体して更地にすることが多いからです。しかし、契約によっては勝手にリフォームを行ってしまうと原状回復を求められるケースもあるため、よく確認してから行いましょう。

参考

在宅避難対策費用

- 太陽光発電導入：3キロワット程度で110万円～
- 蓄電池を導入：85万円～
- 断熱材：6帖1室あたり15万円～（工賃含まず）

リースバックのメリットとデメリット

・メリット

売却後も住み続けられるので引っ越しが不要、短期間で自宅を現金化し資金を確保できる、近所に売却したことが知られない、自然災害時などの所有に関するリスクがなくなるなど

・デメリット

買い取りとなるため通常の売却金額より低い、家賃が高く設定されることもある、自宅の所有権は失うことになる、住める年数に期限がある場合があるなど

リフォーム業者の賢い選び方

リフォームを検討する中で、業者選びは非常に重要なポイントです。先述のとおり、リフォームを行える業者には、工務店、リフォーム専門業者、ハウスメーカーのリフォーム部門、住宅設備・建材メーカーのリフォーム部門、工事専門業者（水道、電気、ガスなど）、ホームセンター・家電量販店などがありますが、その特徴や専門性はさまざまです。

まずは周囲にリフォームをした方がいたら、話を聞きに行きましょう。信頼できる身近な方々からの情報は積極的に活用したいところです。その場で業者を紹介してもらうのも一案です。

また、インターネットで「〇〇市〇〇町　リフォーム」などと検索すれば、リフォームに対応できる業者がヒットするはずです。各業者の特徴や実績、口コミをまとめたサイトなどもありますので、じっくりと情報収集してください。検索するとハウスメーカーや工事専門業者が上位に表示されますが、どこまでリフォームに精通しているかは不明なので、良い口コミだけを鵜呑みにしないように気をつけてください。

業者の企業ホームページをチェックする際は、「施工事例」のページをかならず見ましょう。業者選びをする際は、実績や経験が豊富かどうかの確認が重要です。**①ご自身がお願いしたい工事箇所を手掛けたことがあるか、②細かい部分まで丁寧に仕上げられているか、③好みのデザイン仕様であるか**などを確認してください。

バリアフリーリフォームをお願いする場合も、その業者がバリアフリーに精通しており、適切な費用で施工してもらえるかを見極めなければいけません。しかし、バリアフリーリフォームの場合、一般的なリフォームとは違う視点で考えなくてはいけないことがたくさんあります。例えばスロープの勾配をどれくらいにするのか、手すりをどの位置に設置するのかといった細かいデザインは、ユーザーの身体状態や生活スタイルによって千差万別です。数㎝の違いで使い勝手が大きく変わるため、本来ならば一つひとつカスタマイズする必要があります。

また、バリアフリー新法などの法律が定めているのは、シニアや障がい者の安全を守るための「**最低条件**」であって、「ここまで施せば、身体が不自由であっても快適に暮らせる」という明確な基準を示すものではありません。その結果、不勉強な業者に言われるまま不必要な設備を取り入れて費用がかさむ、混乱した家族が使い勝手を考慮せずに急いで工事をお願いしてしまう、要介護者の生活を優先するあまりに他の家族の生活が犠牲になってしまうといったことが起こります。

まずは、その業者のホームページやパンフレットで施工事例などを見て、**①これまでにどのくらいバリアフリーリフォームの実績があるのか、②バリアフリーに関する専門的な知識と技術を持っているか、③国や自治体の補助金や助成金などについてもアドバイスしてくれるか、④福祉用具の知識があるか**などを確認しましょう。

その上で、見積もりを取る際には注意が必要です。複数の業者に相見積もりをするのは、状況や使用材料などにより大きく見積額に差がでてしまうため、リフォーム工事においてはあまり意味がありません。業者をある程度選定し終えた上で、見積もりを取ることをおすすめします。

「自分では判断できない」という方は、「NPO法人　日本バリアフリーコーディネーター協会」（158ページ参照）にご連絡いただければ、指定講習を修了し、一定水準以上のバリアフリー知識を備えた建築士であるバリアフリーコーディネーターが相談に乗ることも可能です。

リフォームを行う各業者の特徴

・工務店

大小さまざまな規模があるものの、共通点として地域密着で建設に携わる専門職を取りまとめながら新築やリフォームの設計・施行を行っている。決められた工法や仕様に縛られず、担当者と直接やり取りができ、トータルなサポートを受けられる。

・リフォーム専門業者

比較的小規模で、構造に影響しない部分や設備などのリフォームに適している。ガスコンロをＩＨクッキングヒーターに取り換える、開き戸を引き戸に交換するといった些細なリフォームでも対応してくれる。工務店と同じく、地域密着の業者が多い。

・ハウスメーカーのリフォーム部門

大手ハウスメーカーが運営するリフォーム部門であるため、特定の工法や設備に特化したリフォームを手掛ける。比較的アフターフォローや保証制度が整っていて、打ち合わせから施工・工事後の引き渡しまですべてシステム化されていることが多い。

・住宅設備・建材メーカーのリフォーム部門

住設機器、キッチン、サッシなどの商材を製造・販売しているメーカーのリフォーム部門や代理店が多い。自社メーカーの商材や設備に関わるリフォームが得意で、代理店を全国に展開しているため幅広い地域に対応している。

・工事専門業者（水道、電気、ガスなど）

水道・電気・ガスの販売会社または営業会社が運営。それぞれ最適な機器・設備を選べるところがメリット。電気会社系なら電気に関わる設備、ガス会社ならキッチンのガス設備など専門分野のリフォームが得意。

・ホームセンター・家電量販店

店舗が提携している工務店などに設計・施工を提携・委託してリフォームを行う。買い物中に気軽にリフォームに関する相談ができ、店舗内で実際の商品を確認できる点がメリット。設備交換や外壁塗装など、構造に関わらないリフォームに適している。

アフターフォローはかならず確認！

リフォームの業者選びをする際に、把握しておく必要があるのが「リフォーム工事後のアフターフォロー・保証」についてです。リフォームをした箇所も、時間が経過するにしたがって、劣化や不具合などが生じてきます。その際に問題となるのが「**業者のアフターメンテナンス・保証がどれだけ充実しているか？**」ということです。

例えば、「キッチンをリフォームしたが水漏れが発生してしまった」「壁がすぐにはがれてしまった」という場合でも、業者の定める保証期限内であれば、無料で工事をし直してもらえます。期限は業者や施行内容によって異なり、1年の場合もあれば3〜10年と長期にわたって設定されていることもあります。

私が代表を務める阿部建設においても、独自の保証・点検プログラムを実施しており、工事中の資材の盗難・破損、火災などすべての工事中のリスクは工事請負者が負う「建物工事総合保障制度」や、「24時間365日対応サービス」「年1回のメンテナンス保証（有料会員のみ）」などのアフターサービスや保証制度を整えています。

まずは、内容が明確かどうかをチェックしましょう。また、たとえアフターフォローが充実していても、「いざ連絡したら、すぐには対応してくれなかった」「高額の補修費用がかかってしまった」というケースもあるため、口コミなどで他のユーザーの状況も確認できると安心です。

悪徳リフォーム業者にご注意を！

モデルハウスやショールーム、その業者が施工した実際の住まいを公開する「実例見学会」もどんどん活用してください。リフォーム前にこれらを見学しておくと、商品選びやレイアウトを検討する際に役立ちますし、住宅設備の現物を自由に触ったり、その場で専門家からのアドバイスが受けられたりするメリットもあります。複数軒見学すれば、仕上がりや施工業者の対応の違いが見比べられるようになるはずです。

また「二世帯住宅にリフォームするため、相続面の不安がある」といった方は、相続対策専門のファイナンシャルプランナーや税理士とネットワークを持つ業者を選べば、ワンストップでリフォームを進めることができます。

大きな工事になりそうな場合は、ホームページやチラシを見たり、直接問い合わせたりして、**①建設業許可を取得しているか、②労災保険に加入しているか、③社会保険に加入しているか、④工事保険に加入しているか、⑤リフォーム瑕《か》疵《し》保証が使えるか**を、かならず確認してください。

建設業許可とは、建設業法の第3条によって定められた、建設業を営むために取得する許可のことです。取得するためには専任の技術者がいること、請負契約に関して誠実性があることといった条件を満たす必要があります。

建設業許可は、請け負う建設工事の1件あたりの金額が５００万円以上（建築一式工事の場合は１５００万円以上）の場合に必要になります。また、元請けとして工事を請け負い、下請けに出す場合は、下請けに出す金額が４５００万円（建築一式は７０００万円）未満でなければなりません。この金額を超える場合は特定建設業許可が必要となります。これらは建設工事の適正な施工を確保するとともに、不良不適格業者から発注者を守るためにあります。

残念なことに、そもそも建設業法にリフォーム業という業種区分はなく、したがってリフォーム業専門の建設業許可というものもありません。また、前記したようにリフォーム工事代金が500万円未満（消費税含）の場合、業者は建設業許可はおろか、資格や免許が何もなくてもリフォーム業を始めることができるのです。さらに新築工事と違って、小規模なリフォーム工事には完了検査が義務付けられていませんでしたが、2025年4月より、建築基準法の一部が改正となり、増築、減築、改築、用途変更などリフォームでも一定の条件下では建築物に対して**建築確認申請が必要になる場合があります**。業者に問い合わせて要否を確認してください。

このような分かりにくさをいいことに、実際には行う必要のないリフォームを行う、施工で手抜きをする、契約を取るだけ取って下請けの職人に丸投げする、専門知識のない異業種から安易に参入するといった悪徳リフォーム業者があとをたたず、消費者との間にトラブルが年々増えています。こういった事態を避けるために、大規模な工事を行う場合は特に建設業許可は「安心して工事を任せられるかどうかを見極める、ひとつの判断材料」になるでしょう。

モデルハウスや実例見学会でのチェック項目

①実例見学会の場合は実際の基本情報（家族構成やライフスタイル、建物面積、施工金額

など）を可能な範囲で聞く。モデルハウスの場合は想定情報を確認する

↓間取りや費用など、自分のプランを考える時の参考にする

②実例見学会の場合は、施主から間取りや仕様に関して実際にどのような要望があったのか、それがどのように反映されたのかを質問する

↓間取りの工夫やテクニックを学んで、自分のプランに取り入れる

③施工業者としてこだわったポイントや工夫した点はどこかを聞く

↓施工業者のデザイン力や提案力などの実力を確認する

④設計および施工にかかった期間はどのくらいだったかを確認する

↓工事内容にかかる日数がどれくらいになるか、仮住まいをしなければいけないかなどを検討する際の参考にする

⑤施工後の耐震性や断熱性などの性能について質問する

↓いざという時のために、目視できない部分もしっかり確認する

⑥補助金を活用したかどうかを聞いてみる

↓活用した場合は何に対しての補助金なのか、明確に答えられる担当者が◎

⑦施行後の住み心地などについて、施主がどう話しているかを質問する

↓施主の実際の感想を聞くと同時に、施主と施工業者の関係性もうかがえる

「おひとりさまシニア」に必要なリフォームとは？

高齢化が進む日本において、シニアのひとり暮らしは増加傾向にあります。内閣府の調査によると、2022年時点で65歳以上の人がいる世帯は全世帯の50・6％と約半数に及んでおり、さらにそのうちの31・8％はひとり暮らし世帯です。また2020年に671万人だった高齢単身世帯は、2050年には1084万人に増加すると予測されています。

ひとり暮らしのシニアの中には、「リフォームによって現在の住まいを整えるべきか、それとも高齢者向けの住宅に住み替えたほうがいいのだろうか」とお悩みの方も多いでしょう。離れて暮らす家族からも「元気なうちはいいけれど、歩けなくなったらどうするの？」といった心配の声も寄せられるかと思います。

このような場合の選択肢には、大きく分けて**①現在の住まいの部分リフォーム**、**②減築**、**③リースバック**、**④住み替え**の4つが考えられます。ひとつ目は、現在の住まいが安心・安全・快適になるようにリフォームするという方法です。この場合は普段使っている空間のみに的を絞り、バリアフリーや断熱・耐震工事など**部分リフォーム**を行うことも選択肢のひとつでしょう。すべての部屋の工事を行うとなるとそれなりにコストが増加しますが、施工範囲を生活するのに必要な玄関、リビング、寝室、トイレ、浴室といった**一部に限定すれば、トータルの費用を削減することができます**。

またシニアのひとり暮らしには、室内の移動に負担が少なく、動線ができるだけ短い住まいがおすすめです。そのため2階建て以上の一戸建ての場合は、寝室やクローゼットなどを1階に移動させ、生活の拠点を1階で完結できるように整えると良いでしょう。これだけでも暮らしやすさはぐっと向上するはずです。

アクティブなシニアの中には、使っていない空間をリフォームし、民泊やシェアハウス、会議室、地域の人々が集まる空間などとして貸し出し・解放している方もいます。私の顧客のひとりも「海外の留学生を受け入れられる家にしたい」と夢を語っていらっしゃいました。これらはシニアが抱える「3K（健康、経済、孤独）」の解消だけでなく、役割や生きがいが生まれることによる介護予防にもつながっています。興味のある方は、使っていない部屋の利用拡大を図る、専門の方々に相談してみてはいかがでしょうか。

2つ目は、**建物の床面積を減らす「減築」を行う**という選択です。減築は建て替えなどとは異なり、部屋自体を取り壊す工事が必要であるため、それなりの費用がかかります。そのため実現性は低いですが、現在の住まいにひどい雨漏りがあったり、構造的に耐震補強ができなかったりと**大きな問題がある場合は、減築によって悩みを解消できることがあります**。

減築には、普段の光熱費や家のメンテナンス費用が減らせる、家事が楽になる、部屋を無駄なく使えるようになる、建物が軽量化されて耐震性が向上する、無防備な部屋がなくなり防犯性が高まるといった、たくさんのメリットがあります。2階を撤去すれば階段の上り下りがなくなり、階段での事故が防げます。また、2階の床をなくして吹き抜けにすれば、採光や風通しが格段に良くなります。

床面積を減らす減築では工事完了後に登記申請を行うことで、固定資産税が安くなる可能性があります。

3つ目は、前述した**リースバック**（46ページ参照）を利用するという方法です。リースバックは、住宅を不動産事業者などに売却しつつも、賃料を払うことで同じ家に住み続けることができるため、シニアの資産活用として人気が高まっています。今後に必要な資金が心許ない、固定資産税や住宅ローンなどの負担をなくしたい、金銭的な負担を減らしつつ現在の住環境を維持したい、遺族が相続で揉めないように不動産を現金化しておきたいなどと考えている方には、メリットが多いサービスだと言えるでしょう。

リースバックを利用する際には、**できるだけ実績が豊富な大手業者に相談**しましょう。そして、トラブル防止のために契約書の内容を第三者（弁護士や親類）と一緒によく確認して、納得した上で契約を締結させてください。特にリースバックした家に長く住みたい場合は、契約期間や再契約の有無について確認しておきましょう。賃料などの支払い方法および期限、途中解約の方法、退去時の原状回復についても注意が必要です。

最後の選択肢は「**住み替え**」です。住み替えでなければ不満を解消できない、もしくは住み替えのほうがコストパフォーマンスが高い場合は、思いきって**「管理が楽で、利便性が良い場所」に移り住んでみては**いかがでしょうか。欧米ではライフスタイルに合わせて、リタイア後に小さなアパートや高齢者用住宅へと住み替えることは珍しくありません。中には「老後はもっと暖かい土地で暮らしたい」とハワイやフロリダといった温暖な地域に移住する例も少なくありません。前向きな選択肢のひとつとして、念頭に置いておくと良いでしょう。

また、ひとり暮らしのシニアは、これらとあわせて孤独死を防ぐ「**安否確認システム**」

を導入しましょう。安否確認システムに関しては、離れて暮らす家族や高齢者向け集合住宅の管理人などが、さまざまな方法でひとり暮らしのシニアの安否確認ができる「見守りサービス」が増えてきています。例えばセンサータイプの安否確認システムの場合は、センサーを搭載した端末を部屋に設置することで、人の動きや温度、照度、湿度などをモニタリングし、そのデータを見守る側のスマートフォンなどに送信します。

このほか、宅配や郵便配達などの日常的な宅配業務を通じて安否確認することができるサービス、介護ヘルパーなどによる定期巡回・随時対応サービス、警備会社による24時間見守りシステムなども心強い存在ですし、手軽なところでは離れて暮らすシニアが冷蔵庫や電気ポット、エアコン、空気清浄機などの家電を使うとセンサーが反応し、それによって見守る側が使用状況を確認できる「見守り家電」も人気です。これらを導入するだけでも、万が一の事故や健康問題にも迅速に対応できるようになるでしょう。

家づくりで「火災」と「犯罪」からいのちを守る

リフォームと同時にぜひ考えていただきたいのが、**火災・防犯対策**です。総務省消防庁がまとめた「令和4年版　消防白書」によると、放火を除いて過去5年間で毎年約1100人の命が火災によって失われており、その約74％が65歳以上となっています。また防犯対策は、「トクリュウ」（匿名・流動型犯罪グループ）による犯行が凶悪化している昨今、誰にとっても急務ですが、シニアを狙う犯罪集団も多く存在しているため、かならず準備しておきましょう。

住宅火災の出火原因にはいくつかありますが、放火を除くと「たばこ火災」「ストーブ火災」「コンロ火災」が上位を占めます。オール電化住宅にすれば、ガスの設備がなくなり、すべてが電気で動くこととなるため、調理には火を使わないＩＨクッキングヒーター、お風呂の給湯は電気やヒートポンプを使った電気給湯機器を利用します。これらは立ち消えや不完全燃焼のリスクがないのはもちろん、切り忘れ防止や空焚き自動停止機能、地震感知機能などが充実しているので安心です。また**電気給湯機器には、突然の災害時な**

ど、いざという時にタンクの水を取り出して生活用水として使えるというメリットもあります。

「たばこ火災」の60％以上は不適当な場所への放置によるものなので、後始末に注意が必要です。灰皿に吸殻を積み上げる、完全に消火していない吸殻をごみとしてごみ箱へ捨てるといったことはしないようにしましょう。リフォームを機に、喫煙する決まった場所（水場が近い安全な空間）を確保するのも良いかと思います。

「ストーブ火災」を防ぐためには、経年劣化などにより故障のおそれのある暖房器具を使い続けることはやめましょう。加えて、こたつのまわりに電気ストーブを置き、さらにその周辺に衣類を雑多に置くといった生活は、火が燃え広がりやすい状況を作り出しますので、収納スペースを確保するなど改善策を考えましょう。**「どうしたら出火させないか」という観点で備えを万全にする**ことが大切です。

設置が義務付けられている「住宅用火災警報器」は、古くなると電子部品の寿命や電池切れなどで火災を感知しなくなることがあるため、10年を目安に本体の交換が推奨されています。今一度購入時期を確認し、10年以上経過している場合には機器そのものを新しく交換しましょう。

防犯に関しては、**外観から見て防犯対策をしていない、もしくは不十分である家は空き巣被害に遭いやすい**とされています。また人に気づかれず、どれだけ短時間で犯行に及ぶかが重要な空き巣や窃盗犯にとって、自分の存在を周りや住人に気づかせる「光や音」、そして「破壊するのに時間がかかる設備」は大敵です。

このことから、玄関・勝手口などに防犯カメラやセンサー（侵入者を検知した際などに警告音が鳴るもの）を設置する、人感センサー付きライトを導入する、玄関の鍵をピッキングに強いディンプルシリンダーに交換する、窓に防犯フィルムを貼る、窓ガラスを防犯ガラスに交換する、内窓を新設する、家の周囲に音が出やすい防犯砂利を敷くといった対策を行いましょう。

勝手口の扉が窓付きの場合は、窓のガラス部分をアルミに交換して外から見えにくくするのがおすすめです。雨戸にも防犯効果はありますが、常に雨戸を閉めっぱなしにしたり、不在の時だけ長期間閉めたままにしたりすると、かえって空き巣犯に狙われるリスクが高まりますので注意が必要です。

私の会社ではこのような防犯対策を10年以上前から取り入れており、これまで数百軒に施工しましたが、そのうち空き巣未遂が数軒あったのみで高い効果が得られています。

「防犯意識の高い住まい」は下見の段階で予防効果を発揮しますので、すぐに対策を講じることをおすすめします。

第2章

リフォーム最新実例

快適なシニアライフを見据えた

生活動線や段差を考慮してより暮らしやすく

寝室に洗面台を設置した例。隣接するクローゼットと並んでいるので身支度しやすく、介助が必要になっても作業しやすい

脱衣室の続きに洗濯室を併設。上部に設置したポールで洗濯機からすぐに干したり、カウンターで家事作業も快適に

小上りは段差を小さくし転倒リスクを減少。ベンチと手すりで立ち座りや靴の脱ぎ履きもラクに

キッチン近くに書斎スペースを設けると、家事をしながら作業できリビングの散らかり防止にも

家事をラクに、効率良く使いやすい収納も充実

通り抜け可能な納戸で収納や家事もできるよう多目的にした例。前から愛用していた棚をきれいに収まるよう設計し収納もたっぷりと

キッチン横に設けた食品庫兼趣味のスペース。細々としたものをここに集約すればキッチンやリビングはすっきりと過ごせる

Story
1

1階だけで夫婦2人が暮らせる家

施工期間：約2ヵ月
リフォーム費用：約1500万円

元々は子ども2人との4人暮らしだったAさんご夫妻。20代に建てた2階建てのマイホームが老朽化してきたため、60代後半でリフォームを決意しました。

リフォームするにあたっての一番の要望は、「**家中にある段差を解消したい**」というもの。2人とも加齢に伴って足腰が弱くなり、ここ数年は上がり框《がまち》（玄関の上がり口にある段差部に渡した横木）や2階へとつながる階段でヒヤッとすることが増えたそう。家庭内事故を防ぐべくバリアフリー化すると同時に、生活の拠点を1階に移した「1階完結型間取り」を目指しました。

まず、玄関へと続く屋外の入り口にはスロープを設置することにしました。玄関扉をはじめとする家中の開き戸は、開閉する際にバランスを崩して転倒する可能性があるため、前後に動く動作が少ない引き戸に交換しました。トイレだけは引き込む壁のスペースがなく、そのままでは引き戸にできなかったため、場所を向かい側へと移動することに。トイレがあった箇所は物置となり、結果的に収納スペースが増えました。

また大きな悩みのひとつだった玄関の段差は、土間をかさ上げすることで上がり框の高さが45cmから18cmまで低くなり、転倒のリスクが減少しました。脇にはベンチも造り付けたため、座って靴を脱ぎ履きすることができます。

光が当たらず暗いために視界が悪かった廊下はなくし、部屋に直接アプローチできるスタイルへと変更。応接室とダイニングを仕切っていた壁を取り払うことで、リビング・ダイニング・キッチンが一体化した開放的なＬＤＫへと生まれ変わりました。

仏間兼客間だった和室は、畳をはがしてフローリング板を張り、広々とした夫婦の寝室としました。２階にあった寝室を収納ごと１階に降ろすことができたことから、日々の生活のほどんどを１階だけで過ごすことができるようになりました。

「リフォームした家で過ごすようになってから転倒の危険が減って、生活するのがとても楽になった」と話すＡさんご夫妻。体調がすぐれず外出できない日は、南側のサンデッキで外を眺めながら日光浴をするのが今の憩いのひとときです。

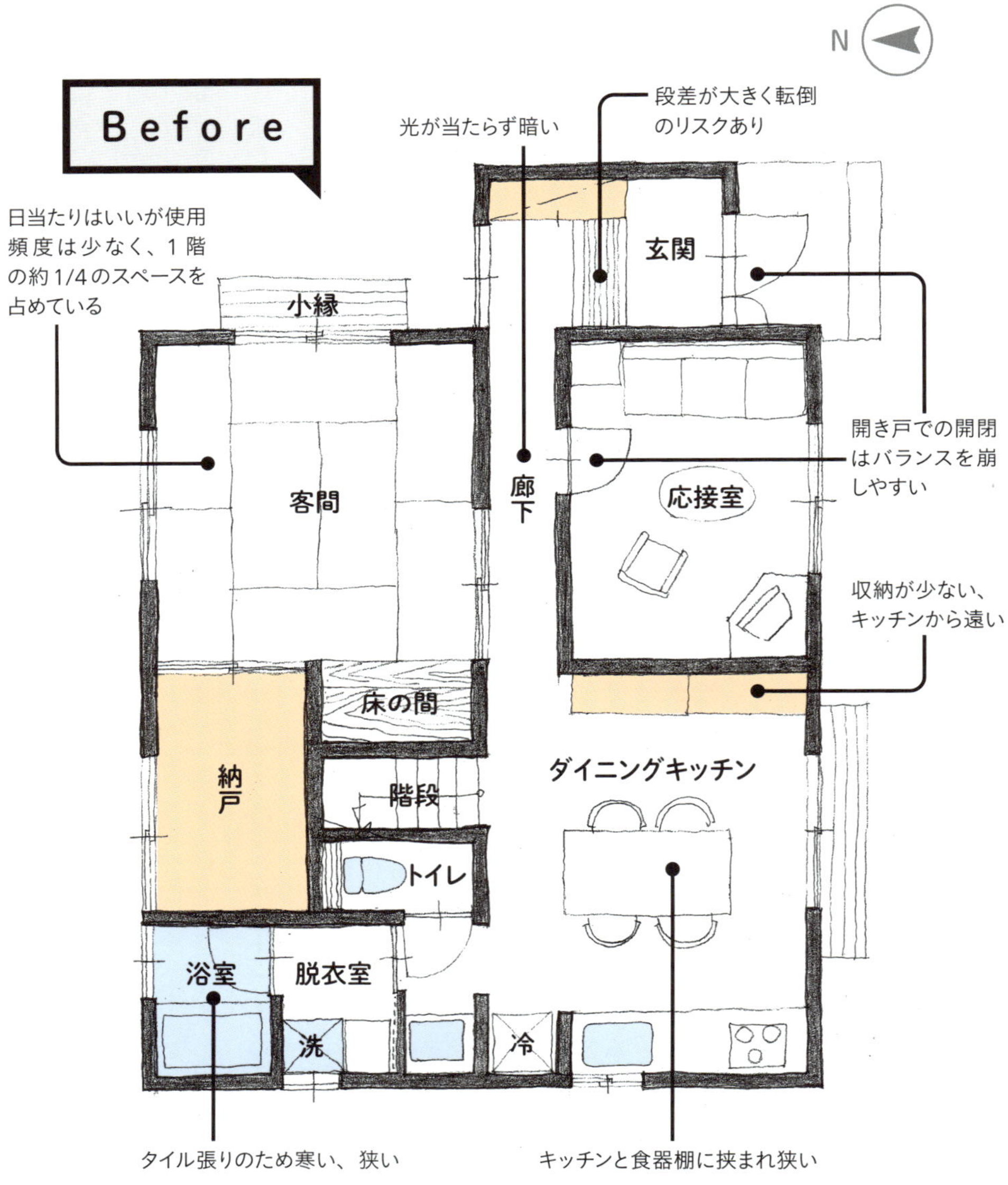

寝室は2階のため階段を毎日使い、1階にも段差のある箇所が複数あったため、常に転倒の危険がありました。家族が多かった時と比べると、客間や応接間の使用も少なくなりました。

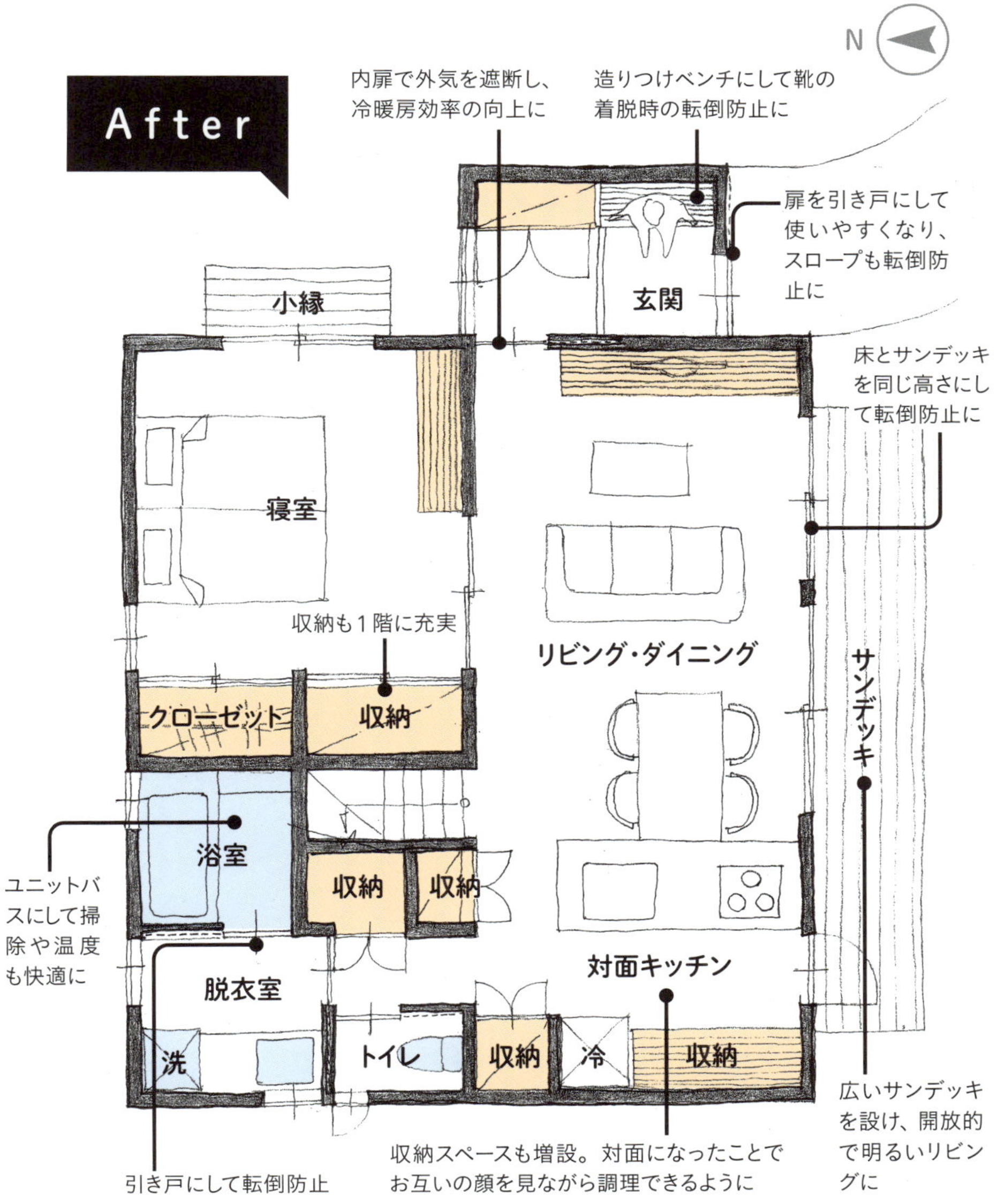

寝室を1階に移動するなど生活スペースを1階に集約。段差のある箇所を減らし、浴室をユニットバスにすることで掃除のしやすさやヒートショック対策にも。全体的に開放的で明るい暮らしに生まれ変わりました。

Story 2

水回りを一新して健やかに住まう

施工期間：約2・5ヵ月
リフォーム費用：約1700万円

当時70代だったBさんご夫妻は、先代から受け継いだ築50年の一戸建てにお住まいでした。以前はBさんの両親と子ども3人との3世代7人暮らしでしたが、10年前に父を、数年前に母を看取り、3人の子どもたちも全員が独立して夫婦2人暮らしになりました。

「この家は、間取りも設備も古くて使いづらい。母の身体が不自由になってからは介護ヘルパーに来てもらっていたけれど、風呂やトイレでの介助がとても大変そうだった」と話していた2人。「この年齢になると、自分たちもいつ介護が必要になるか分からない」という大きな不安を抱えていたこともあり、思い切ってリフォームに踏み出しました。

最優先となったのは、**大きな懸念点である水回り**です。脱衣室と浴室に適切な広さを確保するため、隣接していたダイニング・キッチンをなくし、シニアでも安心して使える段差のないユニットバスを設置しました。脱衣室は、自宅で介護を受けることになった際に介助者が作業しやすいようにと、十分な広さを確保してあります。さらに寝室、ウォークインクローゼット、脱衣室を直線的に行き来できるため、**介護ヘルパーがリビングを通らずに介助ができ、各々のプライバシーが守られます。**

トイレだけ位置はそのままですが、開き戸を引き戸に交換し、収納棚と手洗い器を新設したことで、便利かつ衛生的に使えるようになりました。また、間取りを見直したことで階段脇に空間ができたため、急勾配で危険だった昔ながらの階段を、ゆるやかになるよう掛け直すこともできました。

ダイニング・キッチンは日当たりの良い南側に設け、リビングとの仕切りがない間取りに変更しました。キッチン部分は壁に面していないアイランドキッチンです。キッチンに立つとちょうどダイニングやリビングと向かい合い、夫婦がお互いを見守りながら家事ができるようになりました。また家の中には行き止まりがないので、部屋から部屋へとスムーズに移動できるようになったのにも大変喜んでいただけました。

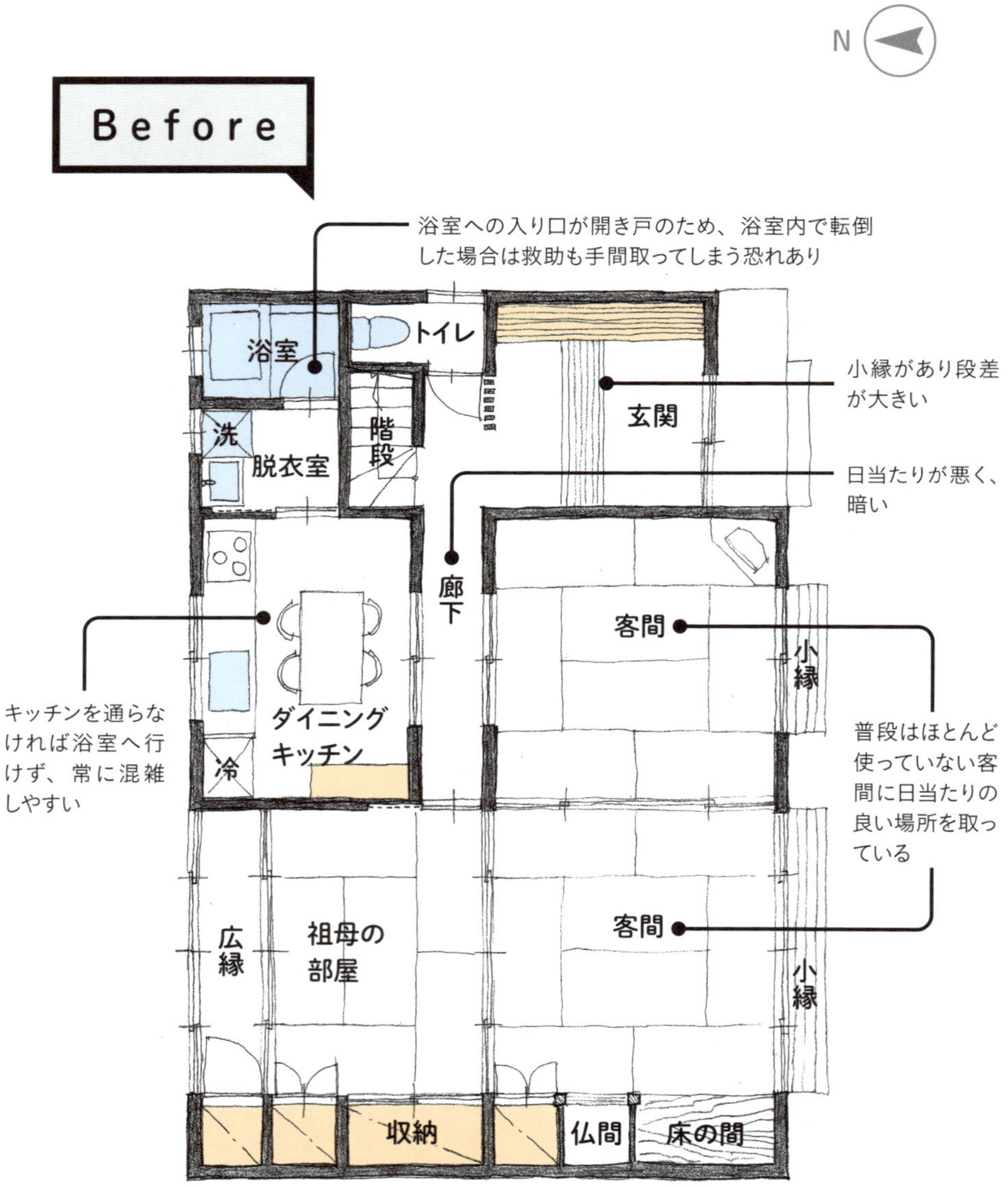

日当たりの良い場所に普段は使わない客間のスペースが広く、ダイニングキッチンなど長い時間を過ごす場所は日当たりが悪い北側にありました。また生活動線も整っておらず、収納スペースが少ないのも悩みでした。

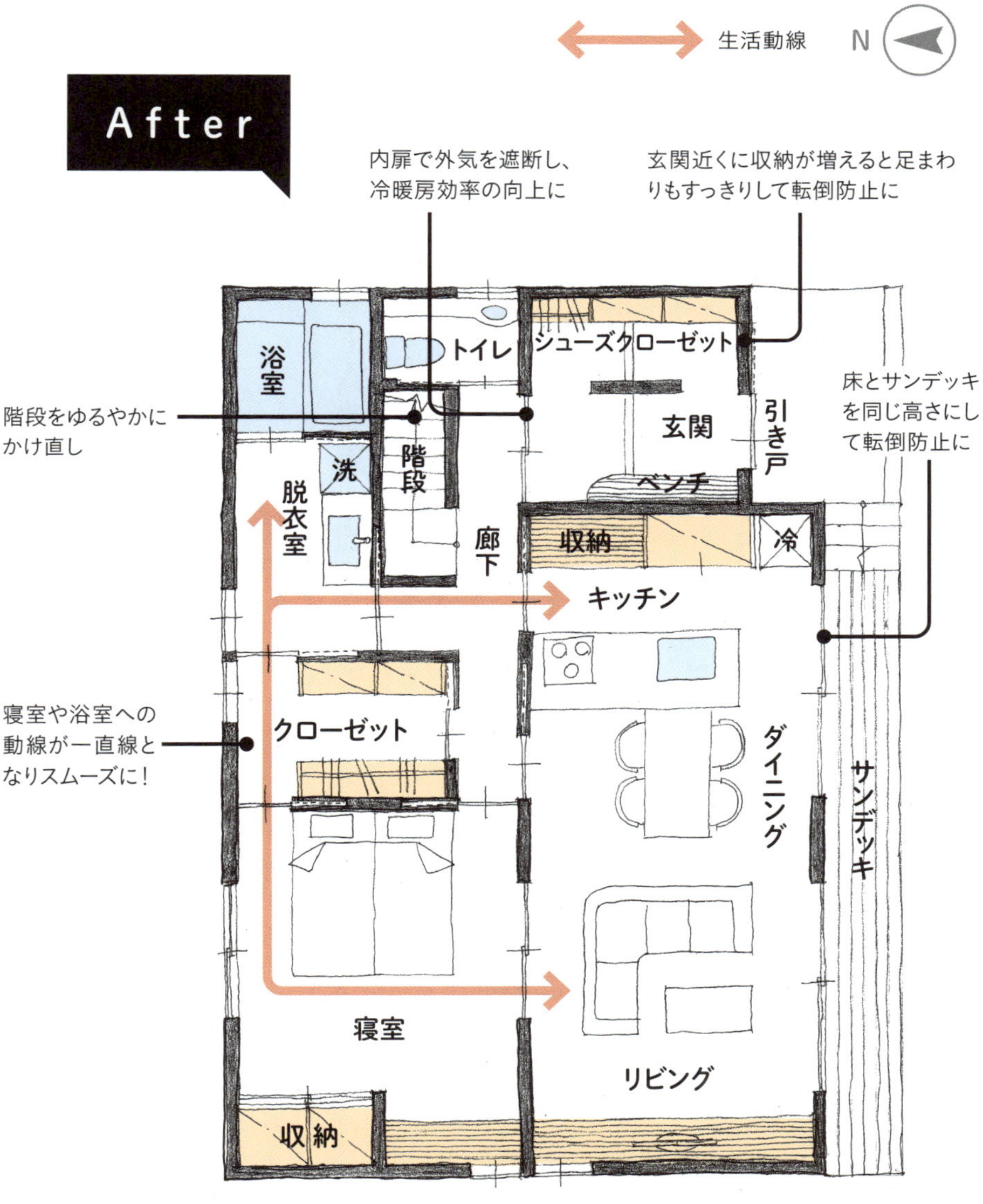

トイレ以外の水回りを改善。思い切って客間をLDKにしたことで、明るい南側で過ごす時間が増えました。通り抜けできるクローゼットを新設するなど、生活動線も収納も改善できました。

Story 3

安心して、のびのび暮らせるひとり住まい

施工期間：約2ヵ月
リフォーム費用：約1800万円

50代後半のCさんは、数年前に夫を看取ってから、残された一戸建てにひとりで暮らしていました。断熱性が低い木造住宅であったため、「冬場でも暖かい家にリフォームできないだろうか」と考えることはありましたが、2011年の東日本大震災を機に築30年を過ぎた住まいの耐震性能も気になり出し、**「元気なうちに、老後もひとりで安心して暮らせる家に改修しなければ」**と考えを固めました。

耐震リフォームでは、壁をはがして筋交いや構造用合板を入れる工事を行います。この**壁をはがす際に断熱材の入れ替えを行うことで、費用を節約**することができました。また「現在の水回りは冬の間ずっと寒くて、今は我慢できてもこの先が不安」とのことだったので、脱衣室、浴室、トイレを一新することに。費用面を考えると、浴室を作り直すより

もユニットバスを新設するほうが安く済むのですが、元の場所にはスペースが足りないことが分かったため、ダイニング・キッチンをつぶし、まとめて移動させました。

水回りがあった箇所にはウォークインクローゼットを設け、「1階に収納スペースが少ない」というお悩みも解消。畳だった寝室と客間はフローリング板に張り替え、寝室があったところにキッチンを、客間があったところに寝室を設けました。この2部屋は引き戸で仕切られているため、フレキシブルに空間を使えます。キッチンの脇には広々とした食品庫（パントリー）を新設。出入口が2ヵ所あるので、どちらの方向からでも行き来でき、買い物帰りには食品を収納してからキッチンに入ることができます。

新しくキッチンを南側に配置しましたが、窓のすぐそばに建物があり、日当たりはそれほど良いとは言えませんでした。これを解消すべく、**天井の一部を取り払って吹き抜けを作ることで、日当たりと風通しを大きく改善**することができました。

生まれ変わった住まいは、「とにかく暖かくて、光熱費もかなり安くなりました」とのこと。「この家ならば、この先もひとりで快適に暮らしていけそうです」と、将来の生活への不安も和らいだ様子でした。

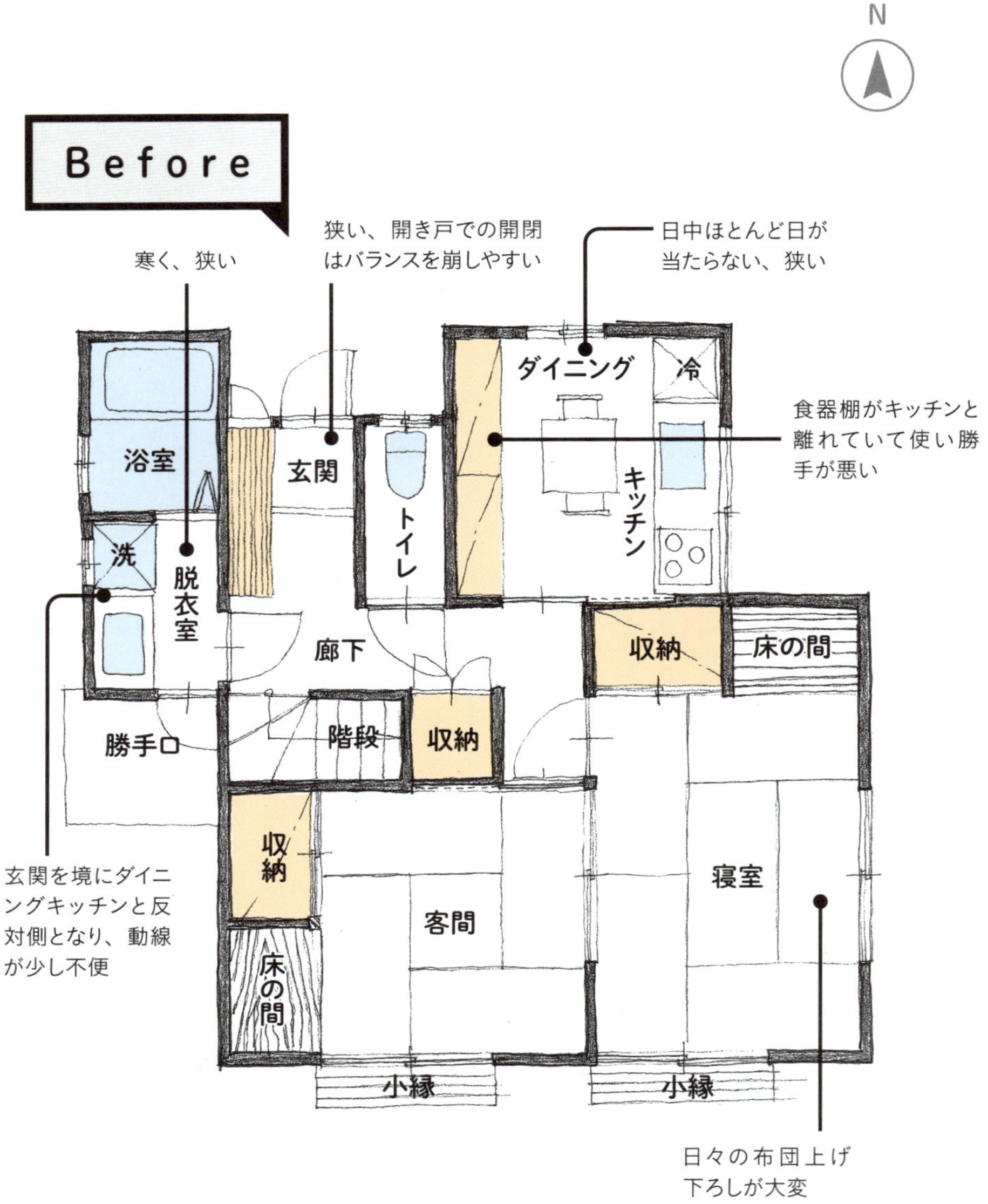

冬場は水回りの寒さが厳しく、寝室は畳のため毎日の布団上げ下ろしが不便でした。収納も不足していて散らかりやすい状態に。

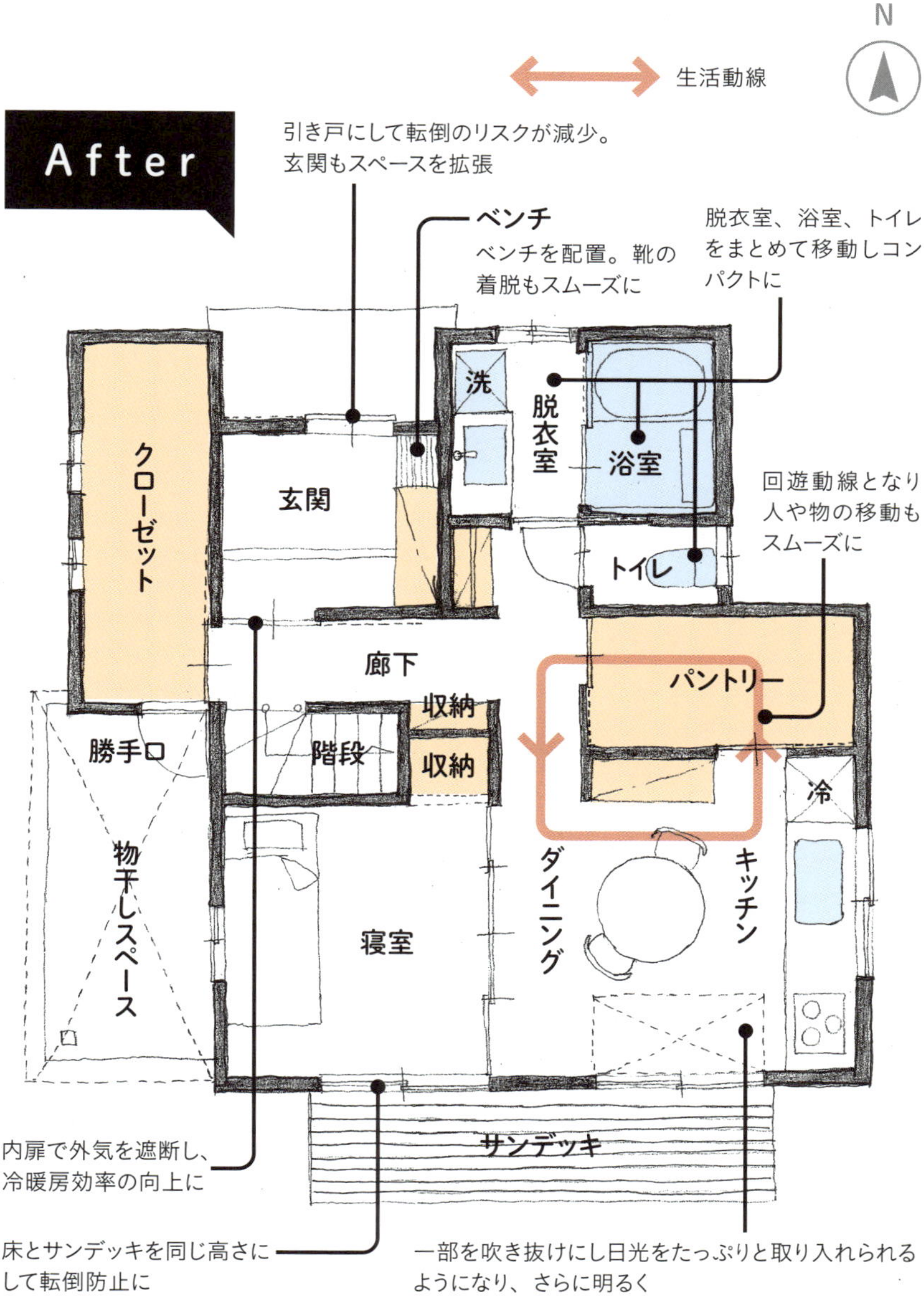

客間をフローリングの寝室にしてダイニングやキッチンとも近くなり、コンパクトで暮らしやすい動線になりました。収納も増えて物の散乱が減ったことで、転倒の危険も減少しました。

第3章

シニアライフを楽しむ工夫！

部分別リフォームのポイント

家全体

1 暮らしやすい動線を考える

間取りの変更を考えているならば、廊下、LDK、水回り、寝室などを「ロの字」型に配置した「**回遊動線**」を確保すると良いでしょう。回遊動線とは、家の中に行き止まりがなく、ぐるりと移動できる動線設計のことです。こうすることで家の中の人の流れがスムーズになり、生活が効率的に行えます。

例えば玄関から奥へと進んでキッチンで行き止まる間取りや、リビングの出入り口が1ヵ所しかない間取りは、回遊動線がある間取りとは言えません。また、洗濯機のある洗面所に行くためにはリビングをかならず通らなければならない場合、1回の洗濯で家中を何度も往復することになります。回遊動線があれば洗面所から直接廊下に出られるなど、目的地へのアクセスが良くなり、移動のストレスが軽減します。

また家の中の生活動線には、回遊動線のほかに「**玄関から他の部屋をつなぐ動線**」や、

● さまざまな生活動線の一例

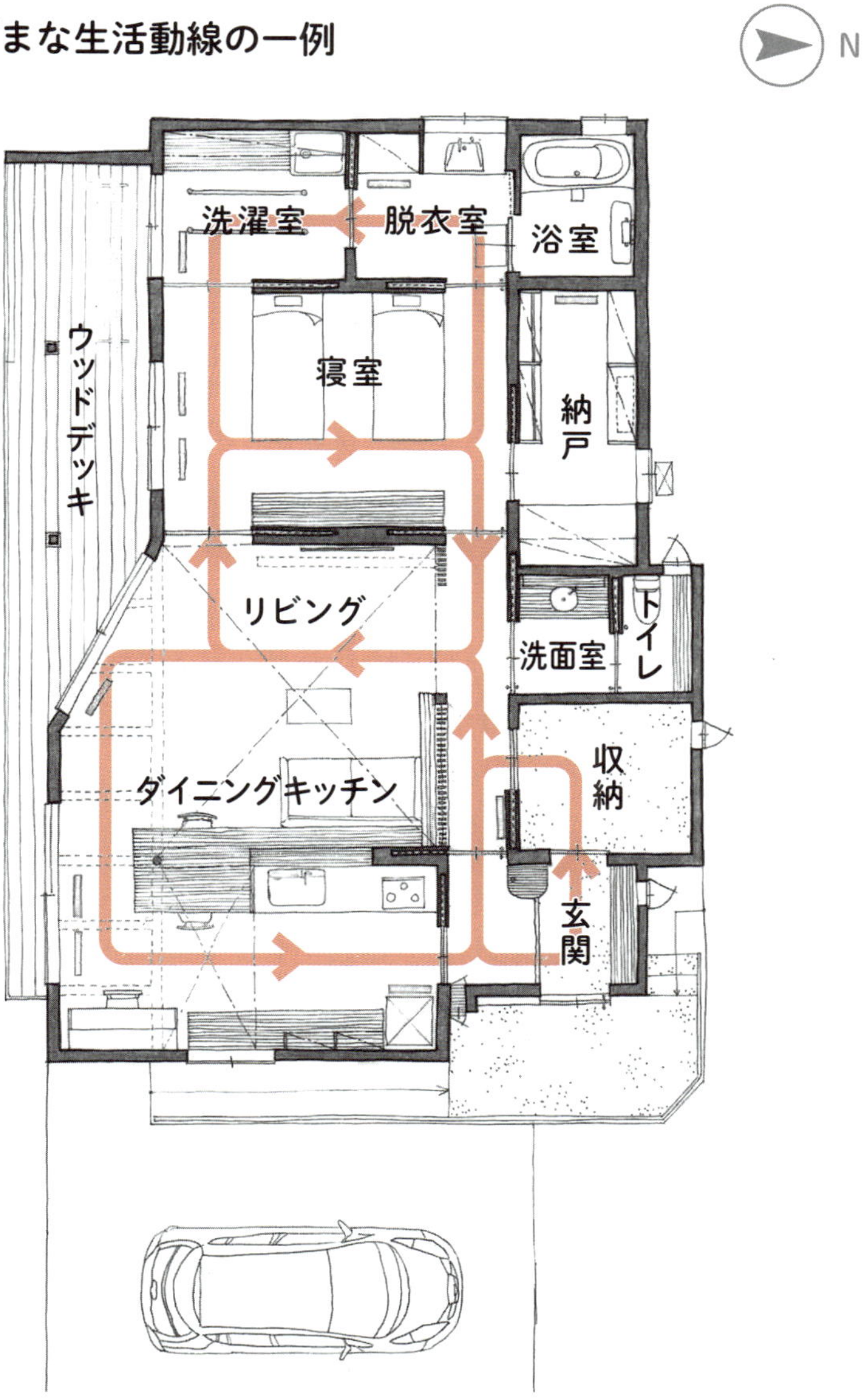

寝室を中心とした回遊動線で、全体的にどこへ行くにも行き止まりがなくスムーズな流れになっています

効率的に家事を行える「**家事動線**」があり、これらもあわせて整備すると良いでしょう。**玄関からの動線は、2方向以上に分かれているのが理想**です。例えばリビングに直接入れる動線と、食品庫を通過してキッチンへと向かう動線の2つがあれば、買い物から帰宅した際にひとりはそのままリビングへ、もうひとりは食品庫で荷物を置いてからキッチンへと、それぞれの目的に合わせて自由に動けます。

また家事動線に関しては、両サイドから出入りできるアイランドキッチンにする、床に置かれた物で回遊性が妨げられないように棚や食品庫を増設する、洗濯から物干しまで1部屋で完結する洗濯室（ランドリールーム）をつくって動線を短くするといった工夫で、日常的なストレスを減らすことができます。

リフォームでは既存の柱や壁を容易に取り払うことができないことも多いため、回遊動線を作ることが難しいケースがほとんどですが、できる限りで検討してみましょう。

2 照明器具や設置場所を見直す

視力は年齢とともに変化するため、歳を重ねるにつれて必要とする明るさも違ってきます。薄暗い空間では手元や足元が見えにくくなり、つまずいて転倒するなどの危険があるため、**シニアのリフォームでは照明を見直す必要があります。**

包丁やピーラーなど刃物を扱うキッチンは、部屋自体の明るさよりも手元の明るさをしっかり確保することを優先しましょう。吊り戸棚の下に棚下灯を取り付ける、複数のスポットライトでバランスよく照らすといった方法があります。

一方で寝室はくつろぎと癒しが必要な空間であるため、部屋全体を照らす天井照明では、まぶしく感じることもあります。この場合は、壁に取り付けるブラケットライトやスタンドなどを設置して、壁や天井に光を反射させる間接照明にすれば心地良く過ごせるでしょう。欧米ではこの形が主流です。

同時に、読書をする書斎は文字がはっきり見える昼光色、これからの快眠に備えたい寝室はろうそくの炎の色に似た電球色といった風に、シーンによって光色を使い分けると快適性が高まります。調光スイッチ付きの照明器具を選べば、明るさも簡単に調整できます。

また**シニアの住まいにおすすめなのが、「リモコン付き照明」と「人感センサー付きライト」**です。リモコン付き照明はわざわざ壁のスイッチを押しに行かなくてもリモコンひとつで明かりのオン・オフができますし、調光・調色などを簡単にコントロールする機能が付いているタイプもあります。

人感センサー付きライトは、暗闇の中で人の動きを感知し、自動的に照明が点灯するため、暗闇の中を手探りでスイッチを探す手間がありません。また、一定時間で自動的に消灯することから省エネでもあります。例えば、夜間にトイレや水を飲みに行く際の通路は転倒事故の起こりやすい場所なので、足元灯などで積極的に取り入れたいところです。

人感センサー付きライトは非接触でオン・オフできるので、感染症対策という観点からも「いつも清潔に保つことができる」とユーザーに好評です。その点では、外出後に手を洗う洗面所に設置するのも良いでしょう。トイレに設置するのも便利ですが、時には「まだ入っているのに、動きが検知されなくて消えてしまった」という困りごとも。この場合は、感知範囲や感知時間などを調整すれば、慌てずに済みます。

また、この人感センサー付きライトは、**室内だけでなく屋外にもおすすめ**です。バッグの中から鍵を探したり、鍵穴が見えにくかったりする玄関ポーチや、周辺の明かりが届きにくい駐車スペースに取り付ければ不便が解消されます。勝手口や人通りの少ない家の裏手などでは、防犯性が高まる効果も期待できるでしょう。

「人の出入りが多い時にはセンサーをオフにしたい」「深夜など特定の時間帯だけ作動さ

せたい」という場合には、センサーを手動で切り替えできるタイプもあります。なお、屋外に設置する場合は、雨に耐えられる防水仕様かどうかをかならず確認してください。

参考 **照明器具の設置費用**（1ヵ所につき／工賃含まず）

- リモコン付き照明：8000円〜
- 人感センサー付きライト：3500円〜

3 手すりを設置する

シニアのリフォームでは、予防的観点からも手すりを取り付けておくことをおすすめしています。**適切な場所に手すりを設置することで、日常生活の中でちょっとした動作を行う際にも身体を支えることができ、転倒防止につながります。**さらに日常的な動作を補助してくれるため、自立した生活を促す効果もあります。「最近、足腰が弱ってきたかも……」と感じたことのある方は介護予防になりますし、すでに家族に要介護者がいる場合も介助する方の負担軽減にもつながりますので、早めに検討しましょう。

主な設置場所は、玄関、廊下、階段、トイレ、脱衣室・浴室などが挙げられます。どの場所においても設置する高さなどの位置は、使う方の身体状態や用途に合わせて細かく調整しながら決めてください。そうすることで使い勝手が格段に良くなります。

玄関は上がり框の段差があり、靴を履くために立ち座りするため、手すりが必要になることが多いです。しかし、時には「広い玄関ホールの中で、片側しか使わないのに両側に手すりが設置されていて、かえって行き来の邪魔になっている」など必要以上に取り付けているケースも見受けられますので、かかりつけ医がいる方は医師、理学療法士（ＰＴ）、作業療法士（ＯＴ）、ケアマネージャー、介護ヘルパー、介護機器提供者といった医療・介護関係者に相談してから工事すると安心です。

廊下や階段は、**ユーザーの身長や身体の特徴に合わせて高さを調整するほか、握りやすい形や太さかどうかも確認**してください。一般的には、直径32〜35㎜程度の丸型の手すりを使用しますが、握る力が落ちていてひじを使って身体を支えることが多ければ平らな面の幅が50㎜程度の台形、もしくは四角形の手すりを検討します。

階段の手すりの高さは、踏面（床面）から手すりの天端まで75〜85㎝が一般的だと言われています。両側に取り付けると安全性は高まりますが、必然的に使える階段の幅が狭くなりますので、必要性と利便性の両面から考えてください。また、階段の始まり・終わり・踊り場の水平部分で高さが変わるため、場合によってはデザイン性で問題が出ることもあります。その場合は、部分的に縦型の手すりを取り付けるという方法もあります。

トイレの手すりの位置は、便器の芯から手すりの芯までの距離が35㎝、高さは65㎝程度が使いやすいと言われていますが、これもひとつの基準でしかありません。よって設置する際には、**トイレ内での動きを想定しながら身体のバランスがしっかり取れる位置**を探ります。こちらに関しても、できれば医療・介護関係者に位置などを相談してから取り付けると、より安心です。

また浴室内だけでなく脱衣室にも手すりをつけると、要介護者が立った状態で介助者が身体を拭いたり、洋服を着脱させたりする時にも便利です。浴室に出入りする際は、扉を開け閉めする動作に気を取られて足元への注意がおろそかになるため、**浴槽にたどりつくまでの間や、浴槽への出入りを補助する位置**に手すりをつけましょう。ユニットバスならば、下地補強が施されていなくても後付けできるケースが多いです。

手すりには全体重がかかるため、外れないようにしっかりと壁に固定する必要があります。そのため、手すりは石こうボードそのものではなく、その内側にある木の柱や間柱に固定します。しかし、手すりを取り付けたい位置に柱や間柱がかならずしも入っているとは限りません。その場合は、手すりの下に「ベース材」という部材をつけます。あらかじめ下地がある箇所を探し、そこのベース材をしっかり固定することで、手すりの取り付けが可能となります。もしも「今すぐに手すりは取り付けないけれど、壁をリフォームする計画がある」という方は、**今後手すりが必要になりそうな場所に先行して、下地だけでも入れておくと将来的に安心**です。

「手すりが必要な場所は決まったけれど、柱や壁に傷をつけたくない」「下地が設置しにくい壁（砂壁など）である」「工事をせずに今すぐ設置したい」といった場合は、床に設置するだけで手すりとして使うことができる**「置き型手すり」**を利用すると良いでしょう。これは大きな金属板に手すりの握りが付いた福祉用具のひとつで、さまざまなタイプがあります。しかしながら、平らではない場所や、ベースの金属板部分より狭い場所には設置できない点だけ注意が必要です。

家の中ではできるだけ連続性を持たせた手すりを設置するのが理想ですが、現実的には難しいため、場合によっては脚が3点もしくは4点式の杖や歩行器などを使用して移動を補助するなど、手すりに頼らない方法も検討してください。

● 手すりの取り付け例

ウォークイン・クローゼットでは衣服を取る際にバランスを崩しやすくこういった手すりがあると便利

オーダーメイドの一例。つかんで立ち上がった後に体重をのせやすいよう上部が平らになっている

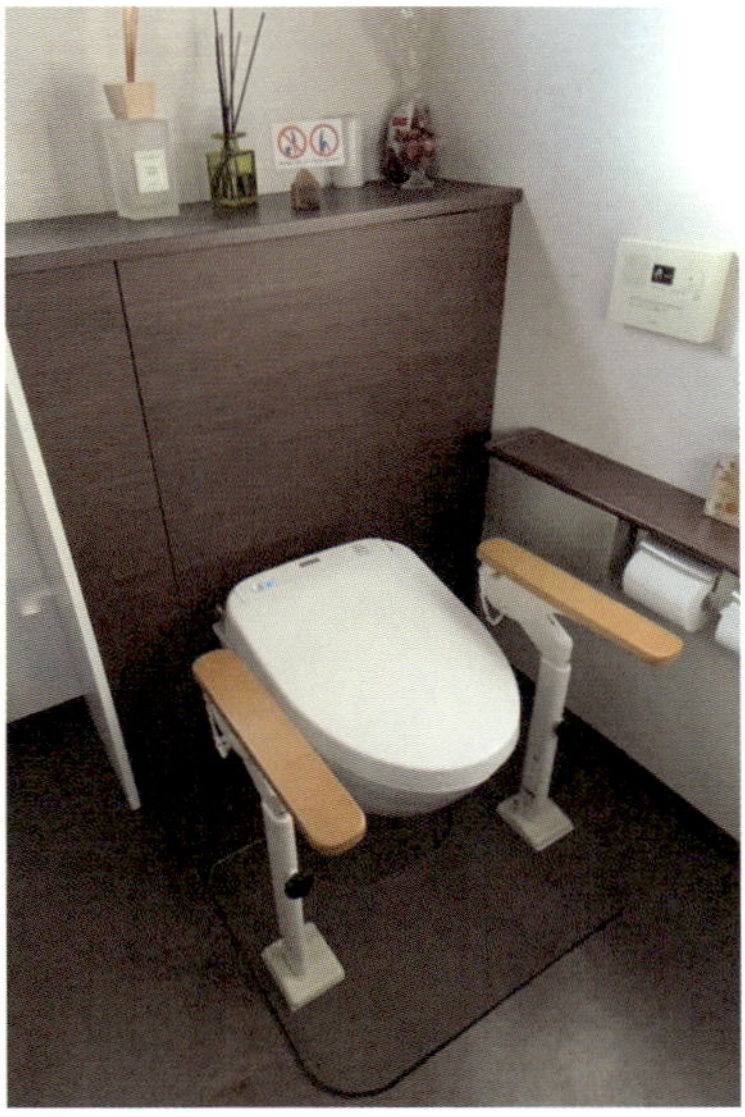

掃除にやや手間がかかるが、工事は不要ですぐに設置可能な置き型手すり。跳ね上げできるタイプならば介助もしやすい

浴室・シャワースタンドと一体型の手すり。これにより立ち座りが安全になる（TOTO製品）

自宅に介護用の手すりを設置する場合は、介護保険の「住宅改修補助金」が使えます。工事費用は一時的に自己負担する必要がありますが、同一世帯に補助金の受給条件を満たしている人が複数いる場合は、人数分の合計額まで申請することができます。

参考 **手すりの設置費用**（1ヵ所につき）

・壁付け手すり：1万円〜
・置き型手すり：1万円〜　※置き型手すりはリーズナブルな価格の中古も多く出回っているため、中古を選択するのもひとつの手段

4 ヒートショックを防ぐ工夫をする

先述の通り、冬場は脱衣室や浴室、リビング、廊下など場所によって極端に異なる室温が、心臓や血管の疾患を引き起こす「**ヒートショック現象**」が問題になっています。また、シニアは若者に比べて暑さ寒さに対する感覚が鈍いため、熱中症や凍傷・低体温症にも注意しなければなりません。このように意外と身近にある危険にもかかわらず、「自分

は大丈夫だろう」という油断を招きやすいのが住まいの温熱環境です。

私が設計する**場合は家の中の空気も「バリア」になり得る**と考え、これを取り払う設計に力を入れています。極端な温度ムラをなくして室温を最適に保つには、まず家全体の気密・断熱性能を向上させることが大切です。リフォームでは、建物の外側や室内の天井・壁・床に断熱材を入れる、窓ガラスを断熱効果のあるものに交換する、内側にもうひとつ窓を取り付けて二重窓にするといった施工が一般的です。こうすることでエアコンの冷暖房効率が格段に良くなり、夏は涼しく、冬は暖かく過ごせます。

一見、これらの工事はコスト的にハードルが高いように感じられますが、**高気密・高断熱の家の光熱費は、一般的な家に比べるとかなり安くなる**と言われています。特に築30年以上の断熱性能がほぼない住宅と比べるとさらに差は広がり、年間に換算すると平均10～15万円ほどの差となるため、10年間で考えると100～150万円も節約できる計算になります。

もっと手軽に温熱環境を向上させたい場合は、裸になる脱衣室や浴室、パジャマなどの薄着で過ごすことも多い寝室に電気式のヒーターなどを設置すると良いでしょう。スペースに余裕がないならば、壁に掛けて使用できる「壁掛けタイプ」や洗面ミラーの上部にも設置できる「洗面ルームヒーター」などがありますし、送風機能を搭載したモデルであれば夏場でも扇風機のように使えます。

断熱リフォームを行うだけでもそれなりの効果はありますが、室内に熱源がない限り、室温は期待するほど上がりませんので、何らかの暖房器具の設置を検討してください。

断熱リフォームにも、「断熱リフォーム支援事業」「次世代省エネ建材の実証支援事業」「長期優良住宅化リフォーム推進事業」「先進的窓リノベ事業」といった助成金があります（2024年現在）。名称や内容は毎年変わるので、業者に確認してみましょう。断熱性に関する国の基準には1～7まで等級が定められているため、リフォームを施した場合に何等級に値するのかも、打ち合わせの段階でかならず把握しておいてください。

参考

ヒートショック対策設置費用

- 空気式床暖房：20坪1セットで300万円程度　※新築の場合はもっと安価
- 断熱材：8帖程度の部屋の壁・天井を断熱した場合で35万円～　※床は別途
- 断熱対応窓ガラス：高さ90cm×幅165cmの窓サッシを断熱タイプに交換した場合で30万円～

・電気式ヒーター：1台につき1万円～（工賃含まず）

5 建具を交換する

建具とは、建物の開口部に取り付けてある障子・ふすま・ドア・窓などの可動部分と、それを支える鴨居・敷居・扉枠などの枠の総称です。**シニアにとって一般的な開き戸は、押したり引いたりして開閉する際の身体の負担が大きく、バランスを崩して転倒事故につながる可能性もあります。**そのため、前後に動く動作が少なく安全な引き戸をおすすめします。引き戸には、開口の幅に合わせて戸の枚数が増やせる、開き戸に比べて開閉時の空間が少なくて済む、少しだけ開けて止めておくことができて換気しやすいといったメリットもあります。

取り換えるならば、吊り金物と上部レールで戸を支える「上吊り式引き戸」がおすすめです。これならば敷居が必要ないので床に凹凸ができず、軽くてスムーズに開閉できます。その代わり、下部の一部にしか振れ止め金具がついておらず、押される動作に弱いというデメリットもあるため、2枚の戸を横にスライドさせて壁の中に引き込む「2本引き込み戸」や開口の広い扉ならば、レール式の建具にしたほうが望ましい場合もあります。

取っ手はしっかりと握ることが可能な棒タイプが良いでしょう。この場合は控え壁に引き戸がすべて収納されず、少し扉が出てしまうため、実際に通れる幅は若干狭くなります。それを考慮して扉幅を決定してください。

また、わざと扉と壁の色を変えて濃淡をつけることで、扉の位置を分かりやすくするというテクニックもあります。また、鍵を取り付けるならば大きめの取っ手で開閉するタイプも多数あるので、使いやすいものを選びましょう。これだけで使用時のストレスが軽減します。また建具の下には数cm程度の敷居の出っぱりができるので、これがバリアになるケースもあります。そんな時は敷居前後の床を張り増しして敷居の高さに床をかさ上げし、段差を改修すると良いでしょう。

玄関扉といった建物の外部にある建具に関しては、既存の開き戸を利用せざるを得ないケースも少なくありません。その場合は扉のコマを新しいものに交換する、潤滑油を補給する、ドアクローザーを交換するといった**メンテナンスを行うだけでも、開閉が見違えるほどスムーズになるケースも多い**です。また開閉をアシストする装置を後付けすれば、扉が勢いよく閉まることがなく、足腰が不安な方や杖ユーザーでも安心してマイペースに通れます。取り付けるだけで既存の開き戸が自動ドアになる製品もありますので、必要に応じて検討してみてください。

窓に関しては、ガラスが二重になっている「ペアガラス」が主流になってきていますが、断熱性に優れている反面、通常のガラスよりも重く、シニアには動かしづらいと言われています。こうした荷重の重いサッシには、棒タイプの取手が付いているものや、てこの原理で窓の開け閉めをサポートしてくれるものもあります。

屋外と室内をフラットにつなぐ「ノンレールサッシ」や、室内側のハンドルをくるくる

「上吊り式引き戸」は吊り金物（左）と上部レールで戸を吊ることでスムーズに開閉できる

回転させることで窓を開閉できるすべり出し窓も、安全に開閉できるでしょう。施錠のためのクレセントが大きめのタイプも、シニアには便利です。

参考

建具の交換費用

・片引き戸：引込枠・引き戸8万円〜
・上吊り式引き戸：引込枠・上吊り式引き戸8万5000円〜
・上吊り式2本引き込み戸：引込枠・上吊り式引き戸12万5000円〜
・玄関扉のコマ交換：1ヵ所につき1万5000円〜
・後付け自動開閉装置の設置　開き戸：10万円〜
・ノンレールサッシに交換（外壁補修、防水工事含）：高さ200cm×幅165cmのサッシをノンレールサッシに交換した場合で45万円〜
・被せ工法ですべり出し窓に交換（外壁補修、防水工事含）：高さ45cm×幅80cmのサッシで28万円〜
・二重サッシ（内窓）取り付け：高さ200cm×幅165cmのサッシで13万円〜

6 家具の地震対策を行う

置き家具は固定されていないため、必要に応じて配置を変えたり、移動することができるというメリットがありますが、地震などで転倒して通路をふさいだり、下敷きになってケガをしたりする危険があります。また、中に入っている食器などが飛び出して散乱し、割れ物で足の踏み場がなくなる可能性もあります。こうしたリスクを未然に防ぐために、**シニア世代は、より地震対策をしっかり行っておきましょう。**

ドアや避難経路をふさがないように家具配置のレイアウトを工夫したら、器具を使って転倒・落下・移動防止対策を施します。最も確実な方法は、壁にL型金具でネジ止めすることです。ネジ止めが難しい場合は、家具と天井の隙間に設置する「ポール式器具(突っ張り棒)」、家具の底面と床面を接着させる「粘着シート」、家具の前下部にくさびを挟み込み、家具を壁際に傾斜させる「ストッパー」などを活用してください。突っ張り棒とストッパー式、突っ張り棒と粘着シートを組み合わせると、さらに効果が高まります。キャスター付き家具に関しては、移動時以外はキャスターをロックする習慣をつけてください。

扉付き家具の中身を飛び出さないようにするためには、扉に「耐震ラッチ」を取り付けましょう。木製棚に穴を開けてネジで取り付ける「ビス付けタイプ」や、穴が開けられないガラスや金属に最適な「両面テープタイプ」など、取り付け方も選べます。最近ではコンパクトなものや内側につけられるものなど、家具の見た目を損なわない商品が多く販売されていますので、チェックしてみてください。

地震対策で最も心強いのは、建物と一体化した「造付家具」です。これならば、家具全体が壁にしっかり固定されているため、地震の揺れによる移動や転倒、落下のリスクがかなり下がります。また、家具と天井の隙間に設置する転倒防止グッズが弱いとされている横揺れにも強いとされています。

リフォームを機に断捨離して置き家具を最小限に減らす代わりに、キッチンや収納スペースに造作家具を検討する方も増えています。造付家具ならば、家具と壁や天井の間に隙間ができないので、空間をフル活用できるというメリットもあります。

参考 **家具の転倒防止対策費用**

- 簡易的なもの：2000円〜（工賃含まず）
- 造作家具に交換：高さ200cm×幅90cm本棚の場合で8万5000円〜

玄関

1 駐車スペースから玄関まで屋根をつける

ここ数年、65歳以上のドライバーによる交通死亡事故が増加傾向にあることからも分かる通り、高齢になると動体視力や情報処理能力が低下し、信号を見落としたり、ハンドルやブレーキの操作を間違えたりする可能性が高まります。そのためシニアがリフォームする際には、**運転免許証を自主返納したあとの生活についても、あらかじめ考えておく**ことをおすすめします。

その場合、公共交通機関が充実していない地域では、家族による送迎、自治体が提供する公共交通機関（電車、バス、タクシー）の割引や送迎サービスといった外出支援、高齢者サロンやデイサービスの送迎などを利用することになるでしょう。車で家の前まで乗り付けることを考えると、マイカーがなくなっても駐車スペースを確保しておく必要があります。また、将来的に介護ヘルパーを頼む可能性があるならば、その車を停めておく場所も考えなければいけません。

玄関から離れた位置に駐車スペースがある場合、その動線上に屋根を設置すれば雨や雪の日でも傘をさす必要がありません。荷物の移動も楽になりますし、足元が濡れて滑ったり転んだりするリスクも減らせます。

また足腰に不安があったり、荷物が多かったりすると車の乗り降りに時間がかかります。そのため、現在の駐車スペースに屋根がないならば、同時にカーポートを後付けしましょう。

しかし、駐車スペースに柱が立つと車の乗降や駐車がしづらくなるというデメリットもあります。これを解消するには、前面道路と駐車スペース、柱の位置関係などを考慮した上で設置する必要があります。最近では左右のどちらか片方にだけ柱がある「片側支持タイプ」など、さまざまなデザインが用意されていますので、用途に合わせて選定しましょう。高さなどサイズは駐車や乗り降りのしやすさを考えて、少し余裕を持たせてください。高さは車の全高＋30～50㎝、奥行は車の全長＋60㎝以上、幅は車幅＋100～150㎝が目安です。

また駐車スペースでは、車と人との動線を分けておくことも、安全性を高める意味で有効です。どのような配置にすれば玄関とスムーズに行き来できるか、業者を交えてシミュレーションしてみるのが良いでしょう。

参考 **カーポートの設置費用**

・片側支持タイプ：長さ5ｍ×幅2・5ｍ×高さ2・2ｍの場合で25万円～
・両側支持タイプ：長さ5ｍ×幅2・5ｍ×高さ2・2ｍの場合で28万円～

さまざまなカーポート

・片側支持タイプ
左右のどちらか片方にだけ柱があるため、柱が邪魔になりづらく、駐車や車の発進がしやすい。設置費用が抑えられるというメリットもある。

・両側支持タイプ
屋根の両端に柱があるため、安定性が高い。2台駐車する場合は合掌タイプよりも費用が安く、見た目もすっきりする。

・後方支持タイプ
後方に柱のあることで見た目が良く、車の出し入れがしやすい。車の台数によって大きさも選べるが、基礎が大きく、設置にかかる費用は高くなる。

・Y合掌タイプ

解放感があり、真ん中に柱があることで車の出し入れもしやすい。中心部分に雪が積もりやすいため、豪雪地帯では設置に注意が必要。

・M合掌タイプ

片側支持タイプを屋根で連結させたもの。左右でサイズの違うカーポートを連結することもできるので、大きさの異なる車を2台駐車したい場合も対応可能。

2 玄関ポーチまでの動線や上がり框の段差を解消

玄関回りが不便だと、シニアは外出が億劫になって活動性が低下し、それが足腰・体幹の筋肉低下、体力・持久力の低下を引き起こすことにもつながります。また、社会参加活動は生きがいづくりや自立した生活を送ることにもつながりますので、不要なバリアがあれば積極的に解消しましょう。

地面から玄関までの動線、そして玄関内の上がり框の段差をなくす手段として、最も一般的なのがスロープです。スロープはゆるやかな傾斜を描いていますので、段差の高低差があればあるほどスロープが長くなります。一般的なスロープの長さは、車いすで自走する場合は段差の12倍、介助者同行で車いすを走行する場合は段差の6倍、最大傾斜は段差の4倍とされています。つまり30㎝の段差を解消しようとすると、スロープの長さは120〜360㎝ほど必要になるということです。

無理にスロープの長さを短縮しようとすると、傾斜が急になり、かえって足腰に負担がかかったり、車いすでの上り下りが難しくなったりします。また「体調が悪い日には自力で上るのが難しいかもしれない」と不安を抱える方もいらっしゃいます。その場合には、**スロープの代わりに段差昇降機を設置**するのが良いでしょう。段差昇降機はスロープのような広い設置スペースを必要とせず、身体の負担も大幅に軽減してくれるため、意外とコストパフォーマンスに大変優れた設備です。

またスロープに加えて、ゆるい勾配の階段や手すりを併設することで対処できることもあります。施工実績の少ない業者などの中には、こういった方法やスロープの最適な傾斜角度について専門知識を持たないこともありますので、打ち合わせの段階からしっかり確認しましょう。

床面は濡れると滑りやすくなるため、雨の日やその翌日は特に注意が必要です。場合によっては滑り止めマットを敷いたり、刷毛《はけ》を使って表面に筋模様をつけた「刷毛引き仕上げ」のコンクリートにしたりと、滑り止めの対策をしっかり行ってください。

上がり框の段差は高すぎるとバリアになりますが、これには屋外のほこりやごみが室内に入るのを防ぐ役割があります。そのため、可能な範囲で段差を設けておくのが良いでしょう。車いすでも2㎝程度であれば支障なく使えることが多いです。

参考

スロープ設置費用

- 工事した場合：長さ5m×幅1m程度のスロープを設置した場合で30万円～
- 福祉用具で解決した場合：255㎝で25万円～（工賃含まず）※リーズナブルな価格の中古も多く出回っているため、中古を選択するのもひとつの手段

参考

スロープの必要な長さの算出例（段差が30㎝の場合）

- 車いすで自走する場合：30㎝×12＝長さ360㎝のスロープ
- 介助者同伴で走行する場合：30㎝×6＝長さ180㎝のスロープ
- 最大傾斜の場合：30㎝×4＝長さ120㎝のスロープ

段差を解消する福祉用具

- **一枚板タイプスロープ**
車いすより幅広いスペースが確保されており、安定性のバランスが良いのが特徴。
- **レールタイプスロープ**
板を２枚用いて車いすを走行させるタイプで、持ち運びやすく設置しやすい。
- **ブロックタイプスロープ**
置くだけで階段がスロープになる。タイルの組み合わせ方で、さまざまな場所に対応。
- **段差昇降機**
設置が容易であり、介助なしで上り下りできるので介助者の負担も軽くなる。

３ 玄関の鍵を電子錠にする

玄関ドアの鍵を、カードキーやリモコンキーなどを用いる電子錠にすれば、鍵を差し込んで回すという動作が不要になり、さらに出入りがスムーズになります。荷物を持ったままでも簡単に開閉できますし、インターホンと連携させれば在宅時も解錠ボタンを押すだけでドアを解錠し、来客者を迎え入れることができます。

また、暗証番号を入力して施錠・解錠するテンキー錠や、居室でスイッチ操作できるリモコンキーを選べば、シニアがひとりきりで家にいる時でも介護ヘルパーや来客を招き入れることができます。テンキー錠の暗証番号は家主で変更することができるため、定期的に変えれば防犯性も高まります。

参考 **鍵の交換費用**（扉及び枠交換、電源確保の場合）

・電子錠　開き戸：35万円〜
・電子錠　引き戸：45万円〜
・テンキー錠　開き戸：55万円〜

4 土間の素材を見直す

雨などで濡れると滑りやすい土間は、**凹凸のあるフロアタイルや刷毛引き仕上げのコンクリートなどにすれば、安全性が高まります。**既存の床を再利用する場合も、滑り止め塗

刷毛引き仕上げのコンクリート。刷毛を使って表面に筋模様をつけることで歩く際に滑り止めの効果がある

料を塗ったり、滑り止めマットを敷いたりすることで対応できます。
視力が弱い方は、床面ごとに色の濃淡をつけた仕上げにすると段差の違いが区別しやすくなり、転倒事故の防止につながります。

参考
土間のすべり止め対策費用
・フロアタイルを敷く：5500円／㎡〜
・刷毛引き仕上げのコンクリートを打設：3800円／㎡〜
・滑り止めマットを敷く：4300円／㎡〜

5 靴などの収納場所や玄関ベンチなどの設置

玄関回りの床に物が出しっぱなしになっていると、それにつまずいて転倒するリスクが高まります。それを防ぐために、靴やコートなどを収納できる場所を検討しましょう。

また靴を脱いだり履いたりすることも、シニアにとっては大きな負担のひとつです。そのため**手すりとあわせて、座りながら靴を脱ぎ履きできる玄関ベンチやスツールを設置**するのをおすすめします。一般的には35〜40㎝程度が適した高さと言われており、最近では座面の下に靴などを入れられる収納付きのものも多く販売されています。ユーザーの身体の状態に合わせてぴったりなサイズや高さのものがほしい、玄関のインテリアになじむデザインがいいといった場合は、オーダーするのも良いでしょう。

この時、靴箱や玄関収納の下にスペースを作っておけば、掃除が楽になったり、照明を設置して足元を明るくできたりというメリットもあります。また、日常的によく履く靴を一時的に収納しておくためにも便利です。

参考 **玄関ベンチの設置費用**

- 幅1m程度の場合で3万5000円〜

⑥福祉用具の収納場所やスペースの確保

杖や歩行器、車いすユーザーの方々は、玄関回りにそれらの福祉用具を置いておかねばなりません。しかし、時にはそれらが家族や介護ヘルパーの通行の妨げとなることがあるため、置き場を考える必要があります。

玄関ベンチの設置例。住人の使い勝手に合わせて場所や位置を決めると、生活もより快適に

土間を拡張するなどして専用の収納スペースを設けるのが理想ですが、スペースに余裕がない場合は玄関回りにこだわらず、部屋の一角でも問題ありません。例えば外では安定性の高い4輪タイプの車輪付き歩行器、家の中ではコンパクトな室内専用歩行器といった形で福祉用具を使い分けているケースでも、部屋までの動線にタイルカーペットといった交換可能な床材を敷けば、部屋で乗り換えることも可能になります。

参考 **タイルカーペットの設置費用**

・玄関から部屋までにタイルカーペットを敷く：5㎡程度で3万5000円～

7 インターホンの親機の設置場所を見直す

来客の確認と応対ができるインターホンは欠かせない設備です。**防犯上のことを考えるならば、テレビモニターと録画機能が付いた「テレビドアホン」が効果的**です。既存の入線を再利用し後付けできるケースもありますので、業者に確認してもらうと良いでしょう。

設置場所は、家族全員が長い時間利用するリビングが一般的です。玄関につながるリビングドア付近に配置しておくと、さらに無駄な動きが少なくなり、スムーズに応対できるでしょう。また、目線と同じ高さに設置すると利便性が高まりますので、身体の状態に合わせて調整してください。

一方で、リビングよりも寝室や自室などで過ごすことが多いという方は、その部屋に子機を設置するのが便利です。スマートフォンで応対が可能なタイプを導入すると、さらに利便性が向上します。

参考

テレビドアホンの設置費用

- テレビドアホンに交換：2万円〜
- 指定の部屋に子機を設置：2万円〜

キッチン

1 レイアウトや水回りの設備を見直す

キッチンのレイアウトには大きく分けて「独立型」と「オープン型」があります。独立型とは、キッチンが壁で囲まれて一部屋として独立しているもの、オープン型とはキッチンとリビング・ダイニングとの間に壁や仕切りがなく、一体化したものを言います。

シニアの住まいの場合は、オープン型のほうがおすすめです。これは、独立型に比べ料理を食卓まで運ぶ距離が短くなるほか、キッチン・リビング・ダイニングが見渡せるため、万が一家族が倒れたり、ケガをしたりした時にすぐに気づけます。また来客があった時などにも、料理をしながら会話が楽しめる点も魅力的です。

オープン型の中でも、特に「アイランドキッチン」は開放感があることで人気です。これは島（＝アイランド）という言葉通り、調理スペースやシンクなどが島のように独立して設置されたキッチンのことです。従来のキッチンは動線が1本しかない場合が多いです

シニアが使いやすいキッチンの一例。アイランドキッチンは左右どちらからも出入りでき、作業がスムーズになり、解放感もある

シンク下オープンキッチン。いすなどに座りながらの調理もしやすく、シニア世代にも人気
写真提供：株式会社LIXIL

が、アイランドキッチンは両サイドから出入りできるため、配膳や後片づけがスムーズに行えます。また数人で作業するスペースも確保できるので、家族の助けを得やすいというメリットもあります。

これは、最短距離でスムーズに家事を行うことができる動線＝家事動線が良い間取りだと言えるでしょう。壁に設置する部分がないため回遊性が高く、家事をする人が無駄な動きをすることなく移動できるからです。

使いやすいキッチンにするためには、天板の高さも重要なポイントです。一般的には85㎝程度とされていますが、シニアには「低めのほうが使いやすい」という声も多く、85㎝より低く設定することもあります。しかしながら、人によって使いやすいサイズが異なるため、ご自身に合ったものを選択してください。

いすに腰掛けて料理をしたい方や車いすユーザーは、シンク下に膝が入るスペース（床から65㎝程度）があり、天板は70〜75㎝のタイプが最適です。また、最近では電動で高さを調整可能な商品もあります。しかし、既製品はそれほど多くない上に高額となるため、デザイン、素材、サイズ、設備機器などを自由に組み合わせてつくれる「造作キッチン（オーダーキッチン）」も検討すると良いでしょう。

参考 **アイランドキッチンの入れ替え費用**

- アイランドキッチン：50万円～
- シンク下オープンキッチン：40万円～

2 コンロや換気扇を入れ替える

コンロに関しては、ガスコンロとオール電化のＩＨクッキングヒーターとも、それぞれにメリットとデメリットがありますが、**ＩＨクッキングヒーターならば火災のリスクはぐっと減ります**。なぜなら火を使わず鍋底だけが過熱するため、袖口に引火するなど火災による ケガの心配がありません。各種センサーが高温、空焚き、切り忘れを常に監視しており、揚げ物の過熱による発火も防げます。加えて、昔ながらのガスコンロはゴトクや焼き網などの凹凸が多くて掃除が面倒ですが、ＩＨクッキングヒーターは天板がフラットなので、毎日の掃除がさっと拭き取るだけで済みます。

また、従来の換気扇は壁に取り付ける「プロペラファン」が主流でしたが、風の影響を受けやすく、音が大きくなりがちな点がデメリットでした。ほこりや油汚れも付着しやすく、こまめに掃除する必要もありました。

現在は、コンロ上部に設置されたファンにフードが覆いかぶさった「レンジフード」が主流です。ファンがフードに覆われているため、蒸気やにおいを効率的に集めて外に逃がすことができます。最新式ならば、溝やつなぎ目が少なくて汚れが付きにくいもの、ファンをワンタッチで取り外せて簡単に掃除できるもの、自動掃除機能が付いているものなどがありますので、設置スペースや予算に合わせて納得できる製品を選びましょう。

参考

コンロや換気扇の入れ替え費用

- ＩＨクッキングヒーター：据え置きタイプで10万円〜
- レンジフード：15万円〜

ガスコンロとＩＨクッキングヒーターの特徴

・ガスコンロ

メリット……高火力で調理ができる、調理器具を選ばない、停電時でも使用できる、どの

コンロはIHタイプに入れ替え、コンロの向かいに棚を、その奥に食品庫を新設

コンロをIHにするとフラットな空間となり全体的にもすっきりとした印象。ダイニングテーブル、キッチン、パントリーが一列に並ぶと食まわりの作業もよりスムーズに

時間に使用してもガス代が同じなど
デメリット……火を扱うため火災やガス漏れなどのリスクが伴う、夏場は室温が上昇する、凹凸があるため手入れが大変、上昇気流によって油が遠くまで飛びやすいなど

・ＩＨクッキングヒーター

メリット……火を使わないため安全性が高い、立ち上がりが早く熱しやすい、屈まずに火力の確認や調節ができる、フラットな形で掃除しやすい
デメリット……使用できる調理器具が限定される、停電時に使用できない、鍋振りする（コンロから調理器具を離す）と通電が止まる、契約次第では電気代が高額になるなど

③ 収納や家電の位置を考える

シニアになると、これまで簡単に取ることができていた位置の物も取りづらくなるなど、新たな悩みも生まれます。特に買い物した食材をどのように運び込み、どこに収納するかは、生活を快適にするために重要となります。反対に、生ごみや缶・ペットボトルなどのごみをどこに溜め、廃棄するかも考え直したいところです。

まず**食事の時に使う食器や箸、カップ類などは棚の同じスペースにまとめて収納する**こ

とで、行ったり来たりせずに出し入れすることができます。よく使う物は立ったまま、さっと出し入れすることができるところに収納しましょう。目の高さから腰のあたりにかけての高さを目安にしてください。

キッチンの背面に、家電・食器・調理器具・食材などを収納できるカウンターや冷蔵庫などを設置する際、良かれと思って通路幅を広めに設ける方がいらっしゃいますが、これでは1、2歩歩くこととなり、動きに無駄があります。**通路幅は80㎝程度にすれば、適度なゆとりを感じながらも振り向くだけで背面の物に問題なく手が届く**でしょう。収納が引き出しタイプでも全開にでき、ものの出し入れもスムーズです。

歩行器や車いすユーザーも使う場合は、少なくとも1回転できるスペースを確保したり、回転を必要としない動線を設けたりと、さらに間取りを工夫する必要があります。これを考慮しないと前向きにしか進めず、後ろ向きで出なければいけません。同時に、身体状態に合わせて必要な場所に手すりを設置することも検討してください。

また、床に置かれた物で回遊性が妨げられないように、**キッチン回りに食品庫を増設するる**のもおすすめです。たとえ1畳分のスペースであってもキッチンに置く物を減らすことにつながりますし、扉を閉めてしまえば中が見えずすっきりした見映えになる上に、通路の安全も確保できます。配置は、買い物から帰ってきて食品をしまう動線や、食事の支度をする際の動線をイメージして考えましょう。玄関とキッチンの間、勝手口のそば、キッチンの突き当たりなどが人気です。

ごみの保管場所は、ごみ出しの動線上に設置するのが最も効率的だと言えるでしょう。勝手口があるならば、キッチンにあえてごみ箱を置かないという選択肢もあります。その場合は、勝手口の空きスペースにごみ箱置き場をつくったり、勝手口の外に屋根を新設してごみ用の収納ボックスを置いたりするのがおすすめです。

4 ダイニングテーブルをあえて置かない

最近では、家族構成や生活スタイルにより、ダイニングテーブルといすをあえて置かない家庭も増えています。ダイニングテーブルは1～2人用のコンパクトなタイプでもそれなりに大きさがありますし、一緒に使ういすを動かすための場所も考慮すると、かなりのスペースが必要です。ダイニングテーブルをなくすと、その分の空間を広々と使えてゆとりが生まれます。

ダイニングテーブルを置かない場合は、代わりにカウンターテーブルを活用します。キッ

キッチンの横に続いてテーブルを配置

キッチンを囲むように座ることができる

チンの対面や隣に設置すれば、食器を運んだり、食事の準備をしたりする動作がひとつの空間で完結して時短になります。料理中の家族の顔が見えるため、家族や友人との会話も弾むでしょう。介護が必要なシニアが、配膳や片づけを通じて安全に家事参加できるというメリットもあります。

また、食卓ではホットプレートといった電源を必要とする家電を使うこともあるため、適所にコンセントを増設することも快適さにつながります。遠くからつなげた延長コードに足をとられ転倒する、などという事故のリスクも下げられます。

脱衣室・浴室

1 段差はあえて残す

築年数が古い家では、脱衣室と浴室の出入り口に段差があります。これを解消しようと浴室用すのこを敷いたり、モルタルでかさ上げしたりすると、浴槽のまたぎの高さが低くなります。その結果、深いタイプの浴槽では内外段差が極端に異なり、かえって使いにくくなることがあるので注意しましょう。この場合、**段差はそのままとし、手すりを段差のあるところに設置して安全を確保する**という方法があります。

バリアフリー性能に関する基準を定めた「優良住宅取得支援制度におけるバリアフリー性に関する基準」では、浴室の出入り口の段差20㎜以下、浴室内外の高低差は１２０㎜以下、またぎ高さは１８０㎜以下とされていますが、状況に応じて判断してください。

参考 **全体のリフォーム費用**

・浴室全体：1坪程度の場合で45万円〜
・脱衣室全体：1坪程度の場合で40万円〜（洗面台交換費用含む）

2 脱衣室の床を長尺塩ビシートにする

脱衣室の床は、つなぎ目がなく水分を吸収しない「重歩行用長尺塩ビシート」がおすすめです。そうすれば水滴が落ちても清掃しやすく、車いすで回転するなどしてもはがれたり、めくれ上がったりする心配がありません。

この床材は一般的なフローリングよりも設置コストが低いのも魅力です。耐久性が高いため、維持コストも安く済むことが多いです。

参考 **床材の交換費用**

・重歩行用長尺塩ビシート：5500円／㎡〜

●脱衣室・浴室の対策例

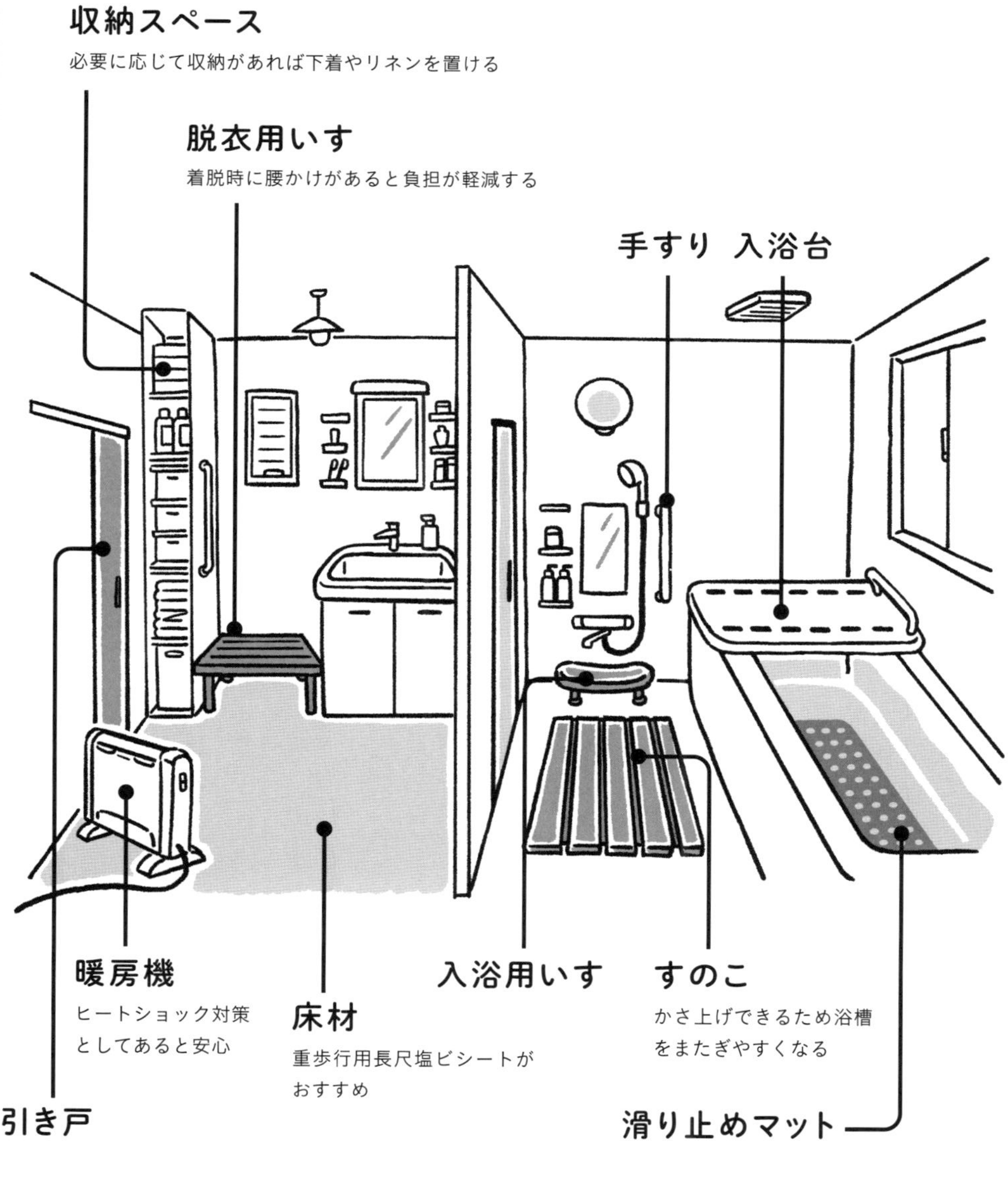
収納スペース
必要に応じて収納があれば下着やリネンを置ける
脱衣用いす
着脱時に腰かけがあると負担が軽減する
手すり
入浴台
暖房機
ヒートショック対策としてあると安心
床材
重歩行用長尺塩ビシートがおすすめ
入浴用いす
すのこ
かさ上げできるため浴槽をまたぎやすくなる
引き戸
滑り止めマット

③ 脱衣室にいすを設置する

要介護者がいるならば、脱衣室にいすを設置しましょう。衣服の着脱の時には、身体を安定させるためになるべく座って行います。

座位が不安定な場合は背もたれやひじ掛けがあると便利ですが、ひじ掛けは衣類の着脱の際に邪魔になることもあるため、可動式のものがおすすめです。また車輪がついたものならば、脱衣室から浴室まで座ったまま移動することができ、介護者の負担を軽減することができます。

参考 **いすの設置費用**

- 造り付けいす：3万5000円〜

④ リネンや下着の収納スペースを確保する

最近では、お風呂上がりに身体を拭いて、そのままパジャマに着替えられるように、脱衣室にタオルに加えて下着やパジャマを収納できる「リネン庫」を設置する家が増えています。

このリネン庫があれば、お風呂に入る前にバスタオルや着替えを持ち込む手間が省けますし、お風呂から上がってバスタオルを取り出す動線もスムーズです。スペースがあるならば棚を設置するのが手軽でしょう。床を広く活用したい場合は、壁面収納を新たに設けるのがおすすめです。

参考　リネン庫や壁面収納の設置費用

・高さ200㎝×幅90㎝の場合で8万5000円～

5 浴槽を取り換える

従来の和式浴槽は深さがある分、長さが短い傾向にありました。しかしこの和式浴槽で溺れてしまうと、家族だけで溺れた人を浴槽から引き揚げられない場合が多く、救急隊が狭い浴槽から救出するのに手間取ることがしばしばあります。

そのため、浴槽を浅いものに交換すれば入浴時の事故を予防できます。浴槽の寸法は、入浴時につま先が浴槽壁に届くサイズを選びましょう。そうすることで、浮力で身体が滑って溺れる危険性を大きく減らすことができます。

また浴槽内に段差があるベンチタイプのものにすれば、浴槽内で腰掛けて楽な姿勢を取ることができます。フラットタイプより少ない水の量で浴槽をいっぱいにすることができるため、水道代と電気代を抑えられることもメリットです。

参考 **浴槽の取り換え費用**

・フラットタイプ：50万円〜

6 浴槽に福祉用具を設置する

浴槽をまたいでの入浴が難しい方は、「入浴台」や「バスボード」を取り入れましょう。これらの用具を用いることで、腰掛けながら浴槽に移ることができます。

浴槽が深いならば「浴槽内いす」を設置すれば、浴槽内で姿勢を保持したり、浴槽の出入りの際に踏み台として使用できたりと便利です。また「すのこ」で床をかさ上げすれば、浴槽をまたぎやすくなります。この場合はすのこの高さはどれくらいにするのかを業者とよく相談してください。
あわせて浴槽内に「滑り止めマット」を敷けば、出入りする時に足を滑らせることや、お湯に浸かっている最中に身体が滑って溺れることも防げます。

参考 **風呂用福祉用具の設置費用**（工賃含まず）

- 入浴台：2万5000円～
- バスボード：1万6000円～
- 浴槽内いす：6500円～
- 浴槽内すのこ：3000円～
- 浴槽内滑り止めマット：2000円～

トイレ

1 便器と建具の位置関係を見直す

身体の状態に合わせて、便器の向きや建具の位置を調整すると快適性が高まります。例えば**介護が必要になった時に備えるならば、部屋を上から見た時に、長辺に平行な方向（長手方向）に出入り口があるのが理想的**です。この配置ならば便器まわりに介助者がしゃがみ込める幅60㎝程度のスペースができ、お世話しやすくなります。

歩行器が必要になったり車いすになったりした時に備えるならば、そのまま入れるだけのスペースが必要になりますが、車いすを便座に向かって直角につけられる配置ならば多少狭くても問題なく移乗できます。むしろ必要以上に広いとかえって余分な動きが増え、冬の寒さや維持コストといった新たな問題も生じますので、業者とよく相談してください。

● トイレのリフォーム後の間取り例

収納や洗面台を配置した
広めのトイレ

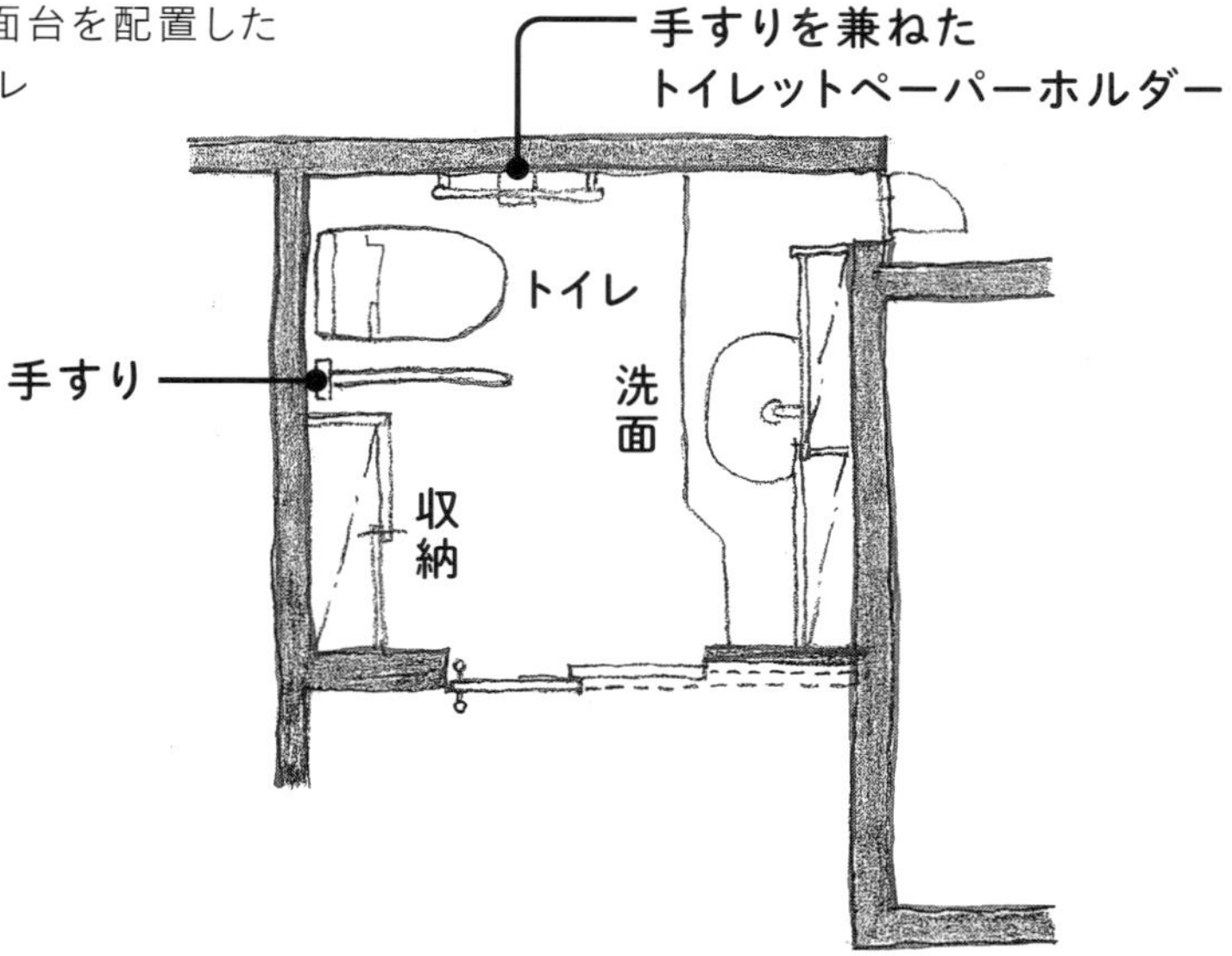

引き戸にすると大きく開閉でき、廊下に
面して便座を横にするとより介助もしや
すくなる

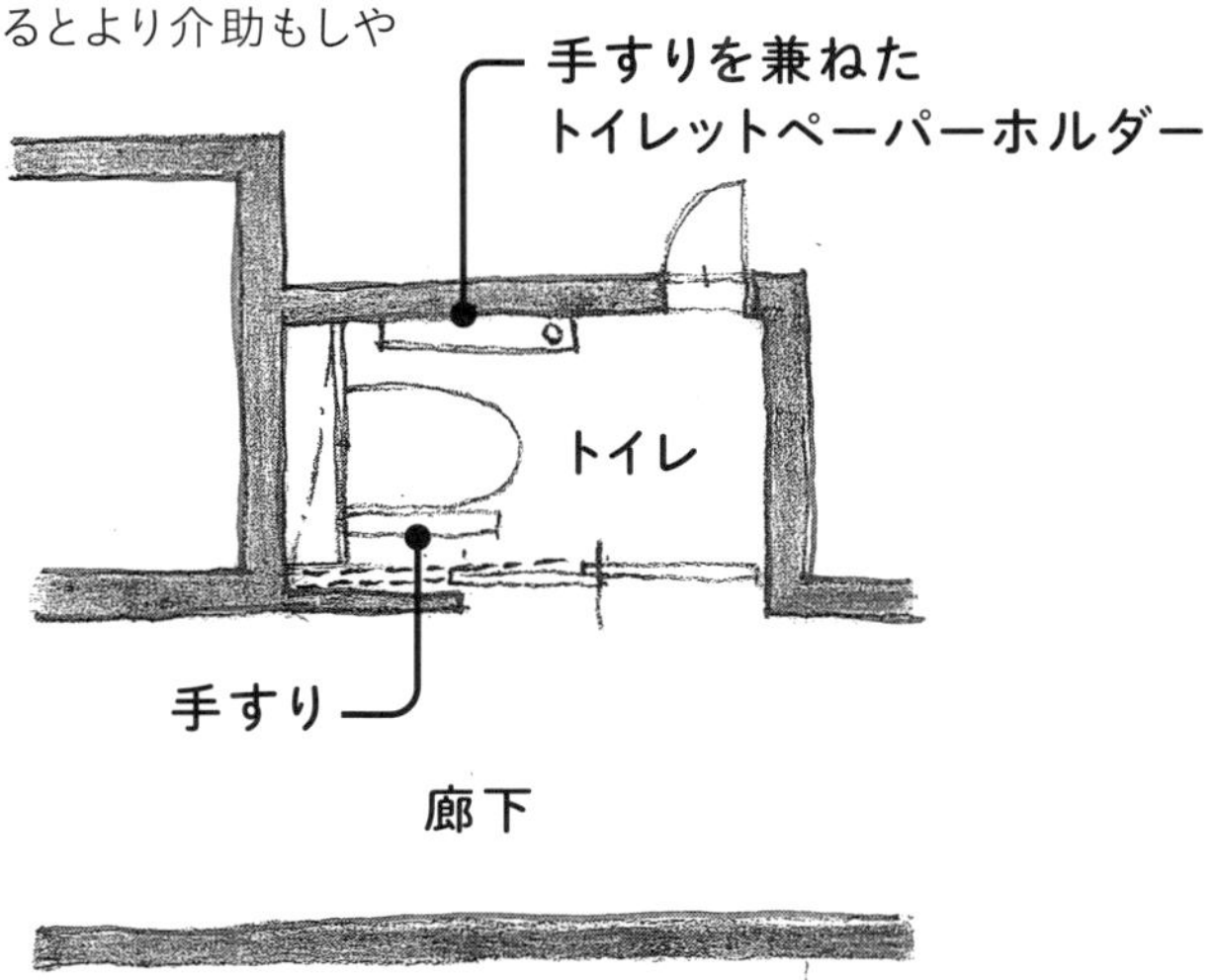

参考

トイレのリフォーム費用

- トイレ全体をリフォーム：1帖程度で30万円～
- 便器の位置変更：20万円～

② トイレ内に洗面台などを設置する

スペースがある場合は、トイレ内に手を洗える洗面台や、おむつ・尿取りパッドなどを入れておく収納を設けると、動線が短くなって身体への負担が軽減します。排泄《はいせつ》に器具を使用する場合は、それらを収納しておく棚に加えて、使用の際に取ったり置いたりできるスペース、カテーテル清掃シンクや汚物流しがあると効率良く作業ができます。最近では手洗いユニットに暖房装置が組み込まれている商品もありますので、各メーカーのカタログなどを参考にしてみてください。

収納スペースはできるだけ造作家具にしたほうが、足を引っかけたり、地震で倒れたりすることもないため安心・安全です。棚の下部を空けて設置すれば、将来的に歩行器や車いすを使用することになった場合でもアプローチしやすく、必要なものを自分でストレスなく取り出せます。

参考
洗面台などの入れ替え・設置費用

- 洗面台：30万円～
- 造作収納棚：高さ200cm×幅40cmの場合で4万5000円～

トイレ内に新設した洗面台の例

3 寝室とトイレを近づける

可能ならば**生活の基本となるトイレ、洗面所、浴室はできるだけ一直線上にレイアウト**し、移動がスムーズな動線をつくりましょう。これはユニバーサルデザインにもつながり、健常者にとっても使いやすい配置です。

予算や敷地に余裕がある場合や、既存のトイレの改修に費用が掛かり過ぎる場合には、**寝室や自室にトイレを新設する**のも一案です。トイレの使用が部屋内で完結できれば、同居する家族への気遣いが減り、自立した生活を送ることにもつながります。

新たにトイレを作るとなるとハードルの高さを感じるかもしれませんが、私が設計を手掛けたリフォーム住宅ではそれほど珍しいことではなく、ここに優先的に予算をかけてよかったという声も多くお聞きします。既存の給排水管に近い場所であれば費用はその分だけ安くなりますので、まずは業者に確認してみると良いでしょう。

参考 トイレの設置費用

- 新設した場合：45万円～
- 置き型トイレにした場合：40万円～

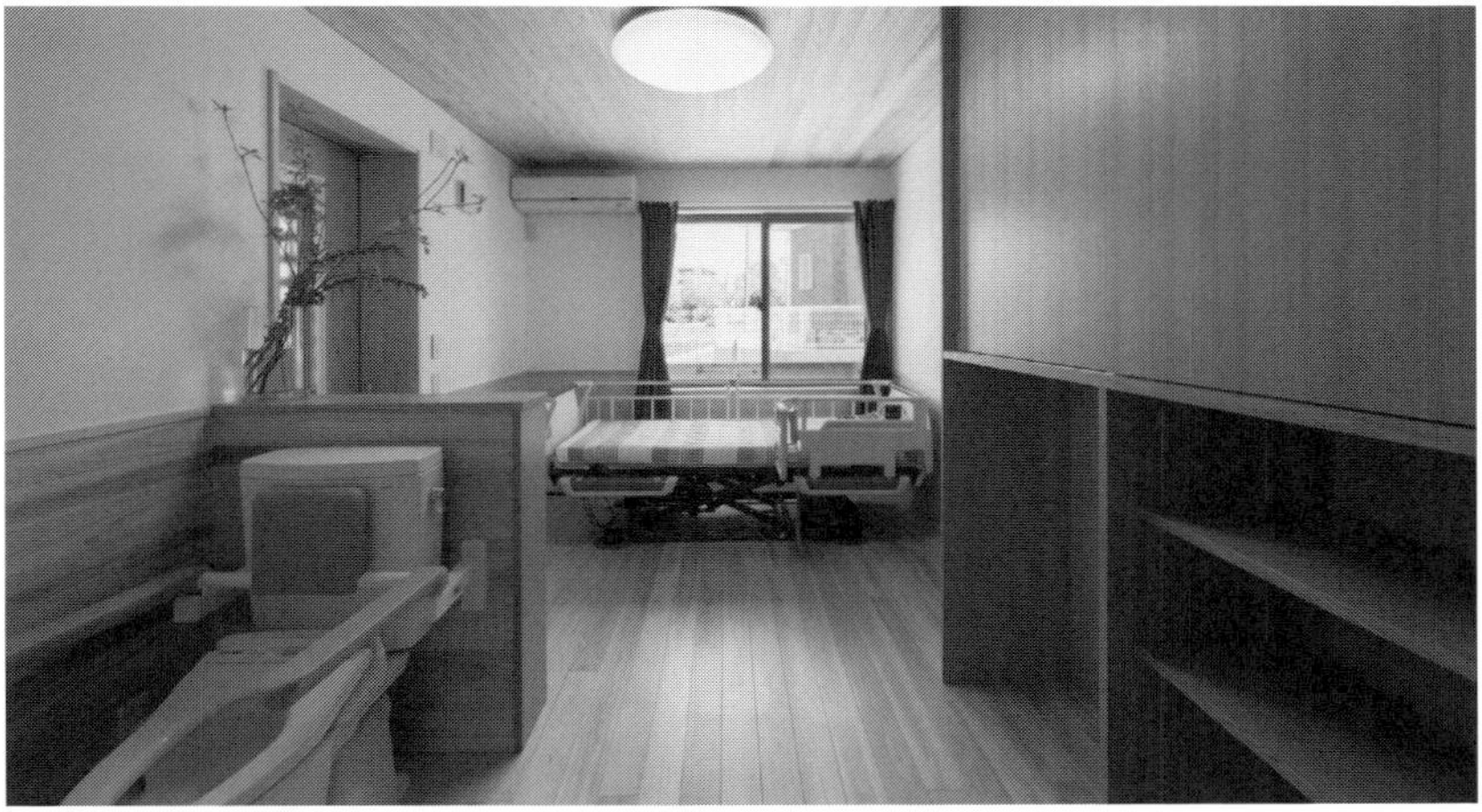

実際に自宅にトイレを配置した例

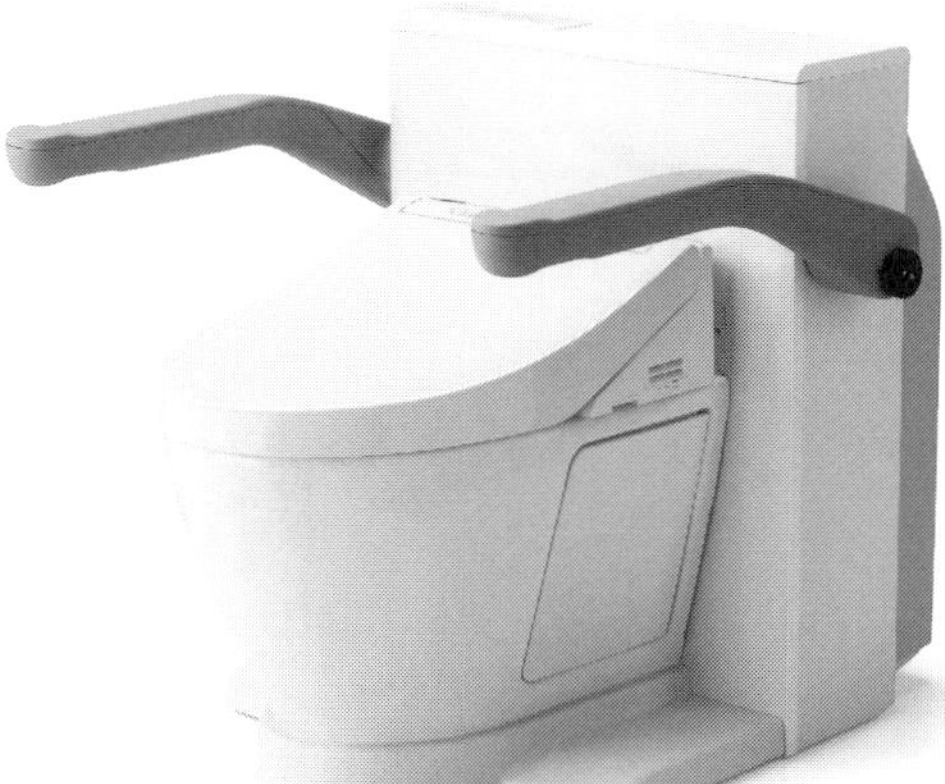

ベッドサイド水洗トイレ
写真提供：TOTO株式会社

● 寝室にトイレを新設した例

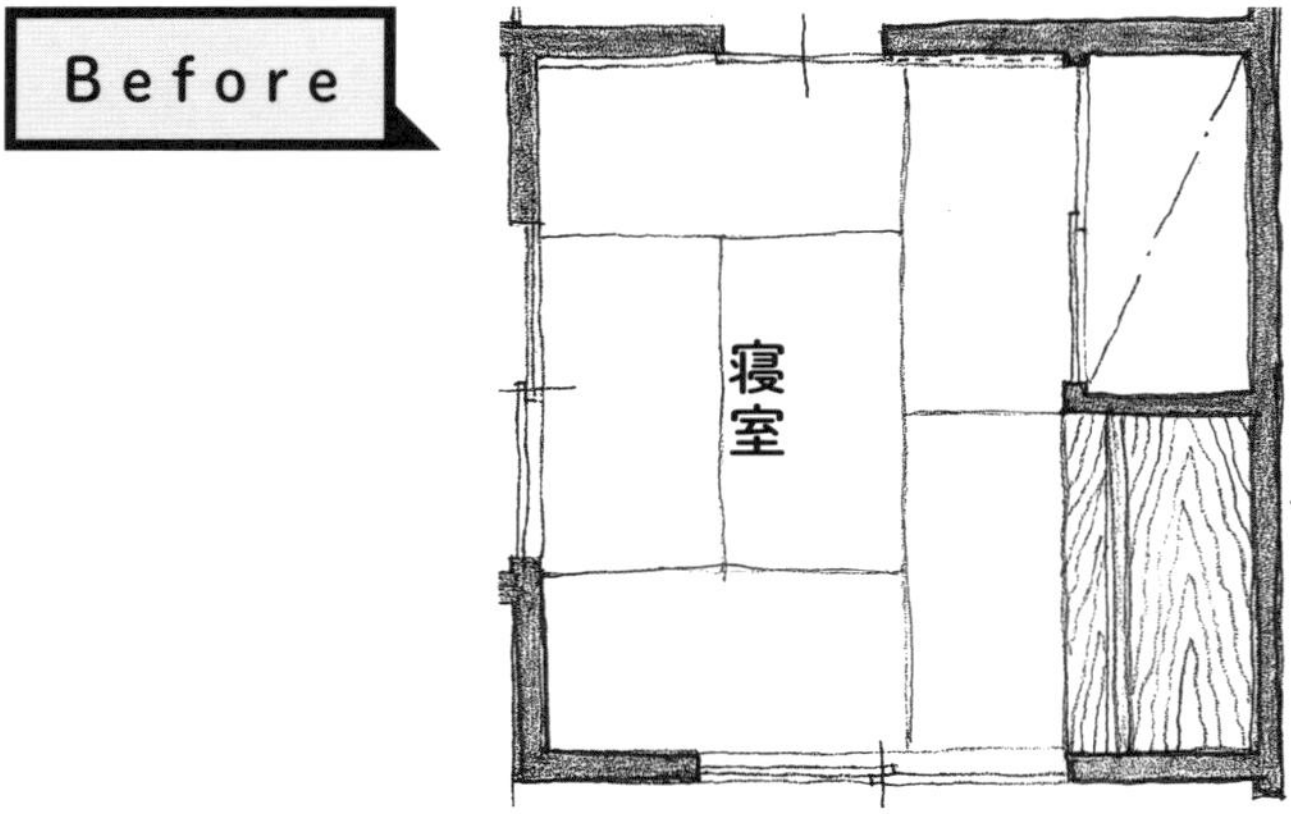

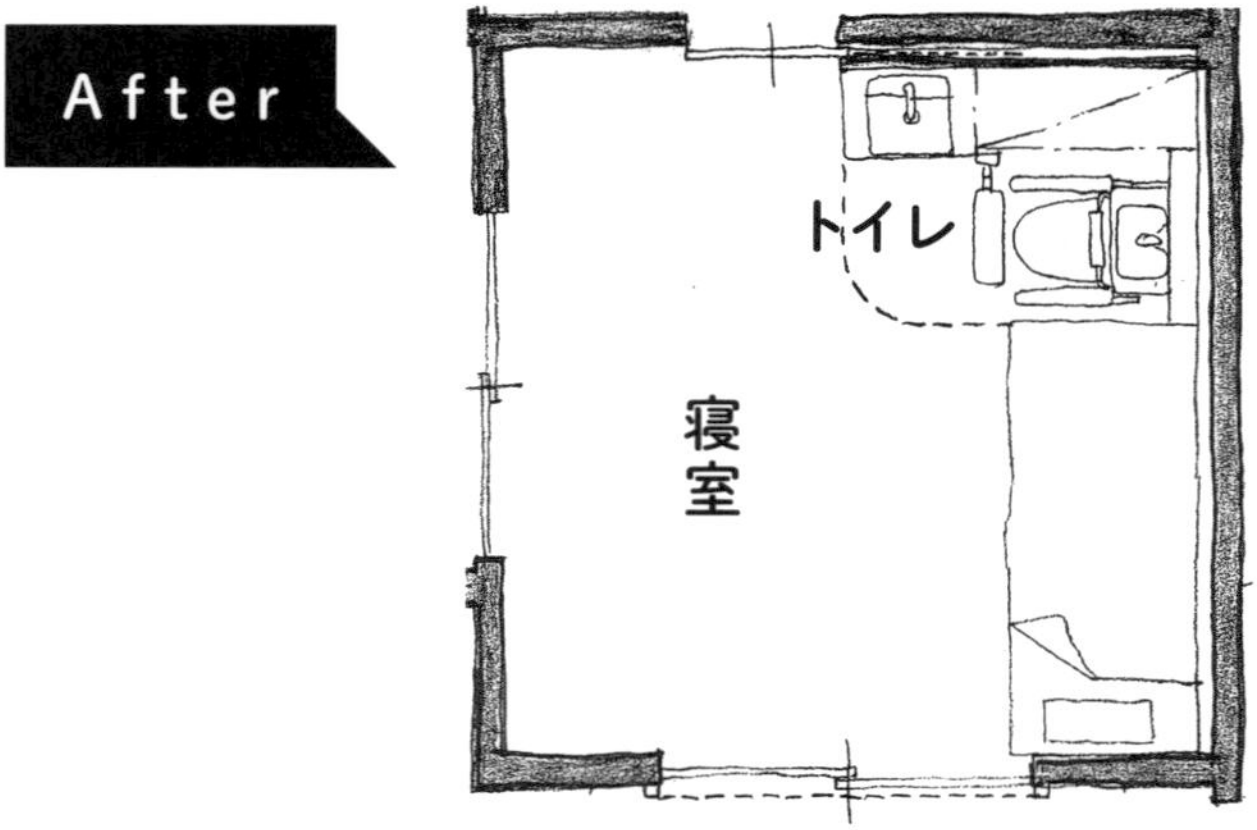

以前は収納スペースだった位置にトイレと洗面台を新設しました。使用する本人も家族もお互いに快適に。

4 清掃しやすい床材・壁材を選ぶ

トイレでは、「使いやすさ」と同様に「掃除のしやすさ」も忘れてはならないポイント

腰壁使用の例

です。脱衣室と同じく、床材には重歩行用の長尺塩ビシートといった、つなぎ目がなく水分を吸収しないものを選ぶのが良いでしょう。**壁材も、床から90㎝程度までは、水に強い「化粧けい酸カルシウム板」のものにする**ことをおすすめします。これらは汚れを拭き取りやすく、臭いが発生しにくいため、掃除の手間が軽減されます。

また、スペースが狭い場合は杖や歩行器などで壁を傷つけることがないように、**抗菌加工や消臭効果がある「腰壁」を用いる**のが良いでしょう。これは、汚れや傷が一番つきやすいと言われている腰の高さより下の位置（90㎝程度）に設置する壁のことです。腰壁を設置することで壁本体には傷がつきにくくなり、長持ちさせることができます。

参考

トイレ内装材の取り換え費用

- 重歩行用長尺塩ビシート：1帖程度（一式）で2万5000円〜
- 化粧けい酸カルシウム板：1万3500円／㎡〜
- 腰壁（木板張り）：4500円／㎡〜

寝室

1 介護に必要なスペースを確保する

将来、介護が必要になることに備えるならば、介護ベッドや歩行器を置くスペース、介助者の通路や介護スペース、介護用品の収納スペースを考慮して、少し余裕を持った間取りにしましょう。**最低でも、要介護者用と介助者用の計2台のベッドが置けるスペースがあると安心**です。「介助者はふとんで良いのでは」という意見もありますが、夜中の介護で立ち上がりの動作が負担になったり、ふとんの上げ下ろしをする手間が増えたりとデメリットが多いため、ベッドを使うことをおすすめします。

また、杖や歩行器などの福祉用具の保管場所をベッドの脇などに確保しておきましょう。

床材を水に強いものにしておけば、排便などで床を汚しても、いつでも清潔に保てます。

参考 **寝室のリフォーム費用**（床材の交換）

・重歩行用長尺塩ビシート：5500円／㎡～

2 介護ヘルパー専用の動線を設ける

シニアの中には、日々の生活の負担を減らすために介護ヘルパーを活用したいと考える一方で、「他人が生活空間を出入りすることが気がかりで、利用を躊躇《ちゅうちょ》してしまう」というったケースがよく見受けられます。

そういったことにならないために、介護ヘルパーがどこから出入りするのかを今から想定しておくと、将来にわたって安心です。一軒家ならば、寝室に直接入れるような専用入り口を設けるのも一案です。

加えて寝室と水回りを直線的に行き来できるようにまとめれば、プライバシーが守られます。同居している家族が在宅でも顔を合わせずに済み、必要な時に気兼ねなくお世話をお願いできるでしょう。

参考 **専用入り口の設置費用**

・テンキー付きで45万円〜

廊下

1 窓をつけるなどして明るくする

廊下が薄暗くて見えづらいと足元がおぼつかなくなるため、転倒などの事故が起こりやすくなります。そんな時は新たに明かり取り窓をつくったり、一部にガラスを入れて光を通す扉に変更したりすると良いでしょう。窓を適切な場所に設置すれば通風効果も高まり、湿気のこもらない涼しい家づくりにもつながります。

それでも照度が足りない場合は、前述した人感センサー付きライトで補いましょう。

参考 **暗がり対策費用**

- 明かり取り窓を新設：25万円～
- 人感センサー付きライトを設置：3000円～（工賃含まず）

2 腰壁を配置する

杖や歩行器、車いすユーザーがいるならば、壁を傷つけたり、穴を開けたりしないように腰壁（142ページ参照）を設けましょう。

壁面を保護しながらクロスと違った印象を演出することもできるので、タイルや板張りにしてデザイン性を高めることもできます。腰壁が汚れたり傷ついたりした場合は、腰壁の部分だけを取り外してリフォームすることができます。

参考 **腰壁の設置費用**

・木板張りで4500円／㎡～

3 廊下幅は極端に広げない

室内でも歩行器を使うからと、リフォーム時に廊下の幅を広げるケースがありますが、元の幅が狭すぎる場合を除いてその必要はありません。むしろ狭い廊下のほうが、ふらついて転倒した際に壁にもたれかかりながら倒れられて安全なこともあります。

新たに廊下を設置するならば、芯寸法（壁の内側から測った寸法）が100cmあれば、将来的に手すりを設置することができますし、歩行器や車いすでも支障なく通れます。ただし、車いすで廊下から直角に部屋に入る場合は、そのサイズによって部屋の出入り口幅に影響が出るため、使用する車いすの回転半径から廊下幅と扉幅を割り出す必要があります。

廊下の一例。杖を使用する住居者のために通常幅より約10cmだけ広め。デザインと明かり取りを両立させた格子は室内の目隠しにもなっている。趣味の小物を飾れるよう飾り棚も設置

階段

1 適切な滑り止めを施す

転倒・転落事故を防ぐためにおすすめの階段用滑り止めは、ホームセンターや通販などで手軽に購入でき、設置も簡単です。階段用滑り止めにはさまざまな種類がありますが、階段のフチに取り付ける金物タイプは、すり足で歩く方や足が十分に上がらない方にとってはかえってバリアになり、つまずくリスクが高まることがあります。

その場合は、**厚みのないテープやシールタイプのもの、もしくは幅広のマットタイプ**を選ぶのが良いでしょう。特にマットタイプは、足先の冷えや床の硬さが気になるシニアに人気で、足音の防音や階段の傷つき防止にも効果があります。

視力が悪い方は、滑り止めと階段の仕上げ材をあえて色分けしましょう。こうするだけで段差が分かりやすくなり、上り下りしやすくなります。

参考

滑り止めの設置費用（工賃含まず）

- マットタイプ：350円／枚～
- 滑り止めタイプ：400円／本～
- 木をはめ込んだタイプ：5000円／箇所～

市販の階段用滑り止め「ホワイトスベラーズ」　写真提供：株式会社川口技研

階段の滑り止め対策（木をはめ込んだタイプ）

2 勾配と寸法を見直す

階段の寸法は自分で決められると思っている方は少なくありませんが、実は建築基準法には「一般住宅の階段は最低寸法が蹴上（一段の高さ）23㎝以下、踏面（一段の奥行）15㎝以上、踊り場の幅は75㎝以上」というルールが定められており、これを守らなくてはいけません。しかし法が定めているのはあくまで最低寸法で、その寸法でつくった階段が実際に使いやすいかどうかはまた別問題です。踏面が広すぎると歩幅を取るので上がるのに苦労しますし、蹴上が低いとその分だけ段数が多くなり、転倒・転落事故にもつながりかねません。

現在の階段が上り下りしやすい寸法かどうかを確かめたいならば、蹴上の2倍に踏面を足して60㎝になるかを計算してみてください。例えば外階段の場合、蹴上が15㎝で踏面が30㎝ならば15㎝×2＋30㎝＝60㎝となり、理想的だと言えます。また内階段ならば、20㎝×2＋20㎝が使いやすいとされています。これらに当てはまらず、スペースに余裕がある場合は、適切な幅や勾配にかけ替えることも考えてみてください。

参考　**階段のかけ替え費用**

・直線タイプの階段で50万円〜

3 ホームエレベーターを設置する

エレベーターを設置すれば足腰が弱ってもフロアを移動できるため、「どうしても2階にある自室で暮らしたい」といった方の希望も叶えることができます。決して安価ではありませんが、定期的にメンテナンスすれば部品交換だけで長持ちしますし、シニアの「自分だけ2階に上がれない」といった心のバリアも取り払えることを思えば、コストパフォーマンスに大変優れた設備と言えます。また部屋や廊下の一部を改修して設置することもできるので、デッドスペースの有効活用にもつながります。これらの理由から、予算に余裕のある方は検討してみてはいかがでしょうか。

車いすユーザーの場合は後ろ向きで入って前向きで出られるように、エレベーター前に1回転できるだけの乗降スペースを設ける必要がありますが、前後に扉があって通り抜けられるタイプのものにすれば、省スペースで設置することも可能です。

リフォームでホームエレベーターを設置する時の補助金や助成金を設けている自治体も多くありますので、住んでいる自治体の住宅支援制度を確認してみましょう。

参考

ホームエレベーター設置費用

・３人乗りタイプで４３０万円～（エレベーター設置に必要な周辺の補修工賃含む）

ホームエレベーターの一例

リフォーム後にまさかの事態！
よくある「失敗例」と「防止・改善策」

手すりを設置したが、使いにくかった

➡手すりは「取り付けて終わり」ではありません。手すりの位置や高さは、使用する人全員の身体の状態に合わせて定期的に見直す必要があります。そのために、下地を広めに入れておくなどの対応をしておきましょう（39ページ参照）。

開き扉を外してアコーディオン扉を取り付けたところ、間口が狭くなり、かえって使いづらくなった

➡空間をフレキシブルに使えるアコーディオン扉の失敗例。畳む方向や畳み込みの寸法、畳んだあとの開口寸法をあらかじめ確認してから取り付けましょう。

「将来的に車いす生活になるかもしれない」と考えてトイレや廊下を広めにリフォーム

したものの、結局車いす生活とはならず、スペースが無駄になった

➡不安から過剰に広さを求める方もいますが、寒さや掃除の負担増につながることもあり、注意が必要です。必要最小限の広さを確保し、ドア幅を広めにとって引き戸にする、手すりの設置を想定した補強を行うなどしておけば、車いすが必要になった時点で改修することができます。

2室を1室に間取り変更した結果、室温が低くなったり、物を取りに行くのが遠くて不便に感じたりする

➡住まいは広ければいいわけではなく、気候・風土や生活スタイルによって最適なサイズを検討することが重要です。シニアの中には「必要な物にすぐ手が届く狭い部屋のほうが便利」と考えている方もいます。そのため、間取り変更の際は収納や動線設計を工夫し、生活の利便性を保つことが大切です。

電気またはガス式床暖房を業者に勧められて設置したものの、思っていた以上にランニングコストがかかってしまい使わなくなった

➡気密・断熱性が低い建物に床暖房を設置しても、熱が逃げて余計に光熱費がかかる可能性があり、暖かくてもコストパフォーマンスが悪くなりがちです。そのため、住まいの性能に合わせて壁掛けエアコンなど別の熱源を選択する必要があります。

● リビングと個室を一体で使えるように仕切りを引き戸に交換したが、家族の生活スタイルが違うため、テレビの音や生活音の漏れが気になる

➡良かれと思ってリビングの隣をシニアの寝室にしたものの、家族同士が気を遣うようになってしまったという、よくある事例です。それぞれの生活時間帯を考慮した上で、個室を設ける場所や間仕切る扉の仕様を考える必要があります。

おわりに

人生100年時代だからこそ、介助・介護を受ける側になっても、する側になっても安心できるように、早めのリフォームで備えておくことが大切です。そうすることで、誰もが将来に対する不安ではなく「夢」を抱きながら、前向きに暮らせる住まいを実現できるはずです。

しかし、住まいの環境を整えるだけですべての課題が解決するわけではありません。より良い暮らしを実現するためには、社会全体の意識改革も必要です。その一例として「心のバリアフリー」という言葉があります。これは、個人の心の中にある偏見や無理解といったバリアを取り除き、多様な人々が支え合う社会を目指す考え方です。

バリアフリーには、物理的な環境を整備する「ハード面」と、シニアや障がい者への理解を深め、配慮を心がける「ソフト面」の2つがあります。段差の解消や手すりの設置といったハード面だけでは、住む人・利用する人の快適性が十分に確保されない場合もあり、真のバリアフリーとは言えません。

ソフト面への取り組みは、特別なことをするのではなく、まずはシニアや障がい者が率直に「してほしいこと・してほしくないこと」を伝え、それを周囲の人々が受け止め、自分にできることを考えることから始まります。

これからリフォームを考える際には、ぜひ「心のバリア」を取り払い、ご自身の想いや理想を周囲に伝えてみましょう。意見が食い違っても話し合いを重ねることで、「思いきってリフォームして良かった！」と思える未来がきっと待っています。

みなさんのセカンドライフがより良いものになることを願って。

阿部一雄

阿部一雄（あべ・かずお）

阿部建設株式会社 代表取締役社長。1964年愛知県名古屋市生まれ。1987年に中部大学工学部建築学科を卒業後、愛知トヨタ自動車株式会社に入社。その後1989年から家業を継ぐため阿部建設株式会社に入社。2002年に趣味であるオートバイレース中の事故により車いす生活を始める。2005年阿部建設創業100周年の年に5代目代表取締役に就任。2025年に同社創立120周年を迎える。
著書には『木の家と太陽と車いす』（円窓社）『ほんとうのバリアフリー建築』（講談社エディトリアル）がある

ブックデザイン	山之口正和＋永井里実＋齋藤友貴（OKIKATA）
写　　　真	岡村靖子（p1、p68-69、p113、p117上、p121、p125、p137、p139上、p141、p147、p158）、その他クレジットがないものはすべて阿部建設株式会社
間取り図作成	吉本由紀（阿部建設株式会社）
図 版 作 成	山原　望
本文イラスト	仲島綾乃
構　　　成	岡橋香織

協　　　力	阿部建設株式会社　HP https://abe-kk.co.jp 株式会社川口技研 株式会社ニッケン鋼業 株式会社LIXIL TOTO株式会社

参　　　考	NPO法人　日本バリアフリーコーディネーター協会 https://barrierfree-co.net/ contact@barrierfree-co.net

車《くるま》いすの一級建築士《いっきゅうけんちくし》が教《おし》える
お金《かね》も時間《じかん》もムダにしない
シニアのためのリフォーム

2025年　3月18日　　第1刷発行

著　者　阿部一雄《あべかずお》
発行者　清田則子
発行所　株式会社 講談社
〒112-8001 東京都文京区音羽2-12-21
電　話　販売　(03) 5395-5817
業務　(03) 5395-3615
編　集　株式会社講談社エディトリアル
代　表　堺　公江
〒112-0013 東京都文京区音羽1-17-18 護国寺ＳＩＡビル６Ｆ
電　話　編集部　(03)5319-2171
印刷所　株式会社新藤慶昌堂
製本所　株式会社国宝社

KODANSHA

定価はカバーに表示してあります。

ISBN978-4-06-538516-6